ENGENHARIA DE VIDA

RONALDO PATRIOTA

RONALDO
PATRIOTA

ENGENHARIA DE VIDA

RONALDO PATRIOTA

Copyright© 2020 by Literare Books International.
Todos os direitos desta edição são reservados à Literare Books International.

Presidente:
Mauricio Sita

Vice-presidente:
Alessandra Ksenhuck

Capa, projeto gráfico e diagramação:
Gabriel Uchima

Revisão textual-artística:
Edilson Menezes

Revisão:
Rodrigo Rainho e Tarik Alexandre

Diretora de projetos:
Gleide Santos

Diretora executiva:
Julyana Rosa

Gerente de marketing e desenvolvimento de negócios:
Horacio Corral

Relacionamento com o cliente:
Claudia Pires

Impressão:
Noschang

Dados Internacionais de Catalogação na Publicação (CIP)
(eDOC BRASIL, Belo Horizonte/MG)

P314e

Patriota, Ronaldo.
    Engenharia de vida / Ronaldo Patriota. – São Paulo, SP: Literare Books International, 2020.
    16 x 23 cm

    ISBN 978-65-86939-29-3

    1. Literatura de não-ficção. 2. Conduta. 3. Sucesso. I. Título.
                               CDD 170.44

Elaborado por Maurício Amormino Júnior – CRB6/2422

Literare Books International Ltda.
Rua Antônio Augusto Covello, 472 – Vila Mariana – São Paulo, SP.
CEP 01550-060
Fone: (0**11) 2659-0968
Site: www.literarebooks.com.br
E-mail: contato@literarebooks.com.br

PREFÁCIO 1

ngenharia de vida é uma obra, no mínimo, intrigante. Ao tratar de questões fundamentais que inquietam existência humana, desmistifica a imagem *hard* que comumente se atribui aos profissionais das engenharias. É uma obra sensível, poética e, ao mesmo tempo, extremamente atual e objetiva.

A linguagem empregada traz, *de per se*, uma harmonia que permite a criação de uma conexão mais profunda e íntima com a alma do leitor, estimulando e favorecendo a busca pelos conhecimentos ora transmitidos.

Ao utilizar os processos dos projetos de engenharia de forma análoga às etapas de vida que se deve percorrer, Patriota cria uma metáfora poderosa para explanar sua metodologia, que foca na introdução de mudanças positivas efetivas em busca da realização dos sonhos de cada um.

No decorrer desta obra, é possível perceber que Patriota discorre sobre conceitos como propósito, legado, *mindset*, ou o poder do agora na construção do futuro a partir de um passado consolidado, desfilando pelas concretagens (capítulos) apresentadas.

O mais significativo nesse contexto é a propriedade com que as ideias são expostas. À competência do engenheiro alia-se uma experiência de vida incomum, refletida, analisada e comutada em lições a serem apreendidas por todos aqueles que desejam planejar uma vida exitosa.

De início, fica claro que tudo começa por acreditar nos seus sonhos e encontrar seu propósito para alcançar uma existência de sucesso duradouro e sólido. Na sequência, são apresentadas as várias definições de felicidade, sua diferença em relação à satisfação, assim como são discutidas as causas da frustração e da infelicidade nos vários ambientes frequentados. A grande dica é: se seu sonho é grande demais, fragmente-o em causa, efeito, compreensão, ação e atitude.

A relação entre dinheiro e felicidade também é abordada na obra, enquanto a serenidade é tida como um elemento propulsor rumo ao atingimento de um projeto de vida.

Questões instigantes, diria até bastante filosóficas, fazem parte do roteiro de construção do projeto de vida que envolve desde o estado em que nos encontramos, ou, como se diz na área de gestão, um diagnóstico da situação atual, passando por saúde e disposição, realização e propósito, recursos financeiros, até amor e plenitude e espiritualidade, entre outras. É a roda da vida, aplicada de forma dirigida, correta e constantemente revisada.

Destaco, mais uma vez, a perspicácia de Patriota ao enfatizar temas delicados como equilíbrio emocional e serenidade, sinalizando que disposição física está intrinsecamente relacionada com o caminho das emoções.

Ao interligar os princípios do *coaching* com a engenharia, Patriota viaja de um lugar considerado abstrato para a terra da concretude, onde as ações se tangibilizam na direção de um futuro de satisfação financeira, emocional, humana e existencial.

Na esfera do abstrato, o sonho sai do mundo da fantasia para a realização. Realização não só no sentido de fazer acontecer, mas também de poder dizer "sou quem sonhei ser". Isso passa, inclusive, pela compreensão da pirâmide de Maslow, em que as necessidades humanas ganham escala.

Crenças limitantes ou porquês negativos, como Patriota denomina, são tudo aquilo que nos impede de seguir acreditando que nossos sonhos são possíveis. Conhecê-los é uma condição *sine qua non* para o planejamento de vida proposto na metodologia que se propõe a "lapidar a imperfeição".

Uma "concretagem" especial é dedicada à necessidade de adotar um modelo mental de crescimento, ou *"mindset rico"* – como denomina Patriota, em que desafios, riscos calculados e desenvolvimento contínuo são os focos.

Assim, na metodologia da engenharia de vida, a elaboração de um planejamento estratégico, com metas específicas e mensuráveis, é o ponto mais forte e é a ponte que liga a fantasia do sonho à sua realização.

O convite para prefaciar esta obra me encheu de felicidade, seja pelo fato de ver um amigo realizando seu sonho, seja pelo conteúdo precioso que ele se dispôs a compartilhar com a sociedade.

A leitura de *Engenharia de vida*, seguramente, trará reflexões e transformações na vida de todos que tiverem acesso à metodologia apresentada e às lições nele compartilhadas.

Eng. José da Silva Nogueira Filho,

1º Vice-presidente da Federação das Indústrias de Alagoas.

PREFÁCIO 2

Fazer parte de um projeto tão nobre e tão rico como o *Engenharia de vida* é, antes de mais nada, um inestimável privilégio. Mas isso não é suficiente para defini-lo. Se me permitissem apenas uma palavra para sintetizar o que a obra significa, eu certamente a resumiria em "OPORTUNIDADE". Porque é disso que ela trata em cada palavra, vírgula, frase e capítulo que possui.

Se fosse possível calcular em passos o tamanho da obra e a densidade do seu conteúdo, eu diria que é bom você trabalhar seu condicionamento, porque terá uma longa jornada pela frente! Por outro lado (e para a sua sorte), Ronaldo tratou de facilitar o seu caminho.

Em primeiro lugar, pelo caminho do COMPRO-METIMENTO que teve com o resultado proposto. Em seguida, pelo caminho da DEDICAÇÃO absoluta e integral com o conteúdo que desenvolveu e, por fim, chegando ao caminho do COMPROMISSO inabalável com você, leitor.

O livro – ou guia, como eu prefiro chamá-lo – *Engenharia de vida* é a mais honesta e sincera compilação de experiências particulares que uma pessoa pode oferecer, da forma mais altruísta possível, a outra. É quase uma autobiografia velada, sutilmente escrita sem a pretensão de enaltecer o autor, mas de conduzir esse mesmo leitor por uma trajetória menos pedregosa nessa longa estrada da vida. É uma reunião pura e bela de histórias, entregues sem restrições. Ronaldo Patriota entrega tudo que está a seu alcance.

Ronaldo é justamente esse tipo de pessoa. Do tipo que se antecipa no que tange ao cuidado com o outro. Do tipo que é sensível o suficiente para compreender que suas dores e traumas pessoais não devem ser, sob hipótese alguma, as dores e traumas dos outros. Do tipo que se coloca de lado em benefício do próximo, porque acredita, de corpo e alma, que as relações humanas são uma enorme corrente do bem.

Por isso ele a prega. Por isso ele compartilha com você, com o coração aberto, suas experiências de vida – as boas e as más. Não pense que traço aqui um paralelo pessoal da nossa relação, nada disso! O que digo aqui é exatamente para você, leitor. O que quero dizer é que, a partir das próximas páginas, estará assistido categoricamente e praticamente em pessoa pelo próprio Ronaldo, porque ele tem esse poder de se aproximar de todos com sutileza e cortesia, tornando-se um grande amigo e alguém em quem confiar.

Os textos apresentados no *Engenharia de vida* contam histórias, parábolas, lições e oferecem conselhos sobre como organizar a vida em todos os seus aspectos. Ronaldo nos brinda com um verdadeiro manual sobre como construir uma vida sólida e indestrutível nas mais distintas esferas que a alicerçam.

Mas não saia pensando que essa construção se dá de maneira fácil. Pelo contrário! Ronaldo Patriota é, sem dúvida, uma pessoa extremamente carismática, mas há nele um segundo talento que me chama ainda mais a atenção: a forma como inspira desafios. Ele tem uma maneira incisiva para nos colocar diante das nossas limitações a ponto de não encontrarmos outra saída senão enfrentá-las.

Essa personalidade desafiadora se apresenta em três aspectos muito pontuais: no profissional, já que Ronaldo é um incansável e criativo empreendedor e procura sempre estimular aqueles à sua volta (a mim também); no aspecto da confiança já que ele é capaz de identificar capacidades nas pessoas que elas mesmas ainda não descobriram em si (em mim inclusive) e, por fim, no aspecto intelectual já que

Ronaldo tem uma bagagem técnica impressionante e que não para de se expandir, acompanhar a velocidade do seu raciocínio é um desafio à parte (para mim também).

Entretanto, é justamente essa combinação peculiar que faz do livro *Engenharia de vida* uma experiência mais do que engrandecedora. É o passo a passo definitivo para uma vivência focada e bem-sucedida. E será para você, como é para mim, um livro de cabeceira. Daqueles sempre à mão para fornecer conhecimento, acalento e, acima de tudo, OPORTUNIDADES.

Bom proveito!

Laila Vanetti,
Mentora de Liderança e Argumentação.

SUMÁRIO

Apresentação...15

Concretagem 1
COMO CONCRETAR O CALÇAMENTO DOS SONHOS..................23

Concretagem 2
AS SUPOSTAS CAUSAS DA FRUSTRAÇÃO E DA INFELICIDADE.......37

Concretagem 3
O PAPEL DO DINHEIRO NA ENGENHARIA DE VIDA....................51

Concretagem 4
AS COLUNAS QUE SUSTENTAM OS SONHOS...........................61

Concretagem 5
A LISTA DAS ÁREAS QUE EXIGEM ATENÇÃO..........................73

Concretagem 6
A CONJUNTURA QUE DESEJAMOS PARA A VIDA......................91

Concretagem 7
A DROGA FANTASIOSA QUE VICIA E IMPEDE OS SONHOS...........109

Concretagem 8
AS NECESSIDADES PIRAMIDAIS DA VIDA............................119

Concretagem 9
OS PORQUÊS NEGATIVOS QUE IMPEDEM
SONHOS E OBJETIVOS..129

Concretagem 10
COMO FAZER DA MUDANÇA DE MENTALIDADE
UM COMBUSTÍVEL PARA O ÊXITO..............................139

Concretagem 11
O PAVIMENTO ESTRATÉGICO DA ENGENHARIA DE VIDA............153

Concretagem 12
A PONTE DO MÉTODO QUE LEVA AOS SONHOS....................161

Posfácio
ENGENHARIA DE VIDA: PROJETANDO O POTENCIAL
DE QUEM DESEJA EXTRAIR O SUCESSO..........................197

APRESENTAÇÃO

A vida é um grande projeto de engenharia e ninguém atravessa fases para se poupar. Não dá para saltar da infância à adolescência e de lá até a fase adulta.

Partindo da base, tal qual a construção de uma ponte que precisa ser forte e longeva, cada fase deve ser inserida na hora e no lugar certo, da fundação à superestrutura (parte estrutural que se sustenta por colunas e outros elementos de apoio). Ou, aos olhos da existência, da educação à formação do caráter, do desejo de vencer até ver o legado da vida pronto.

A obra propõe uma jornada para se criar a vida de sucesso que todos merecemos. Mas, antes, é razoável refletir sobre a subjetividade que toda questão profunda oferece.

O que é o sucesso?

O que é realização?

Quais seriam as melhores e mais impactantes ferramentas para se comprometer e conquistar tudo o que se deseja, além de ter uma vida plena?

Sim, concordo que são perguntas grandes demais e difíceis de responder, razão pela qual decidi traçar uma espécie de roteiro a partir de uma metáfora central, a engenharia de vida, algo que pratiquei e, agora, tenho a felicidade de legar.

Então, tranquilize-se. Ao término do conteúdo exposto, terá a capacidade de investir em níveis infalíveis de assertividade, para que tome posse daquilo que sempre sonhou e soube que mereceria, embora não encontrasse o caminho certo que levaria ao êxito.

Mais do que ajudar na trilha do sucesso, a proposta é ajudar na programação para o sucesso, conduzindo o leitor a um novo estilo de vida, a uma reeducação que é bem difícil, mas possível.

Você acredita que felicidade no ambiente de trabalho é importante? Mais do que isso, pode dizer, com certeza, que é feliz profissionalmente?

Tanto se fala sobre o assunto, principalmente atrelando-o ao dinheiro, mas será que isso é realmente verdade? Será que só seremos felizes a partir do momento em que alcançarmos a remuneração, seja salário ou pró-labore, que julgamos ideal?

Além do aspecto financeiro, é claro que no cotidiano do trabalho nem sempre tudo ocorre "às mil maravilhas", assim como não estamos felizes o tempo todo em outros ambientes, principalmente por causa da rotina.

Porém, há muitos aspectos que devemos levar em conta quando refletimos sobre o ambiente de trabalho, os sonhos pessoais e os anseios de outras áreas.

O ambiente profissional é, sim, marcado por cobranças, pressão e prazo. No lugar da frustração e da infelicidade, há muito mais a ser observado, como a relação com a equipe, o propósito, o alinhamento dos valores, o prazer (ou desprazer) de estar exatamente ali, fazendo o que faz, por no mínimo oito horas diárias.

É aí que entra em cena a engenharia de vida, em busca de preparo, resgate ou reparo da construção que representa nossa existência em vários setores de atuação. Afinal, toda transformação que atinge em cheio o modo de viver exige mudança de perspectivas, para que se possa contemplar o melhor presente e o mais desejável futuro.

"O que está no passado foi concretado, endureceu, gerou aprendizado e passou. O futuro é só uma ideia no papel à espera de que a pessoa possa criá-lo e executá-lo, como fazem os bons engenheiros de vida."

O destino, portanto, está condicionado a um preciso momento temporal, o presente, que funciona como uma derradeira e fronteiriça chance de mudar as coisas.

A lição básica da engenharia merece observação constante: alicerçar o futuro depende exclusivamente de como se constrói o presente e se solidifica o passado, para que sirva de inspiração e aprendizado, concretando o esforço no presente, vital para garantir o futuro a construir.

Com a mente inteiramente voltada para essa lógica, criei o método que testei durante um dos momentos mais delicados de minha vida. E, graças a Deus, pude perceber rapidamente o resultado. Estendi o método aos amigos e às pessoas próximas, que também conseguiram – sem exceção – encontrar o que até ali haviam buscado, sem sucesso, há muito tempo: uma luz, uma mudança definitiva no modo de planejar e viver os sonhos, as ambições e o sucesso em si.

Tenho certeza de que o meu objetivo, ao criar o método, foi conquistado: ajudar o semelhante a identificar e vencer os obstáculos de sua vida, tanto os ocultos quanto os explícitos, que prejudicam o desempenho e impedem o alcance do verdadeiro potencial de sucesso, do qual todos somos dotados.

Ciente de que as pessoas não buscam e nem podem ser felizes a partir das soluções passageiras ou dos métodos teóricos que são "românticos", mas não aplicáveis na realidade do cotidiano, me assegurei de que o método sirva como uma metodologia prática de desenvolver e capacitar, fortalecer ou produzir mudanças positivas e duradouras, de forma efetiva, num curto espaço de tempo.

Não se trata de fórmula mágica. A minha busca resultou nesse eficaz projeto e, há mais de 15 anos, busco compreender por que algumas pessoas conseguem sucesso em suas vidas, enquanto outras simplesmente não o atingem. Além disso, convenhamos que as especulações sociais nunca foram suficientes para explicar tal diferença. Confira nos exemplos entre as perguntas que envolvem os personagens João e Pedro. Ambos deixaram o mesmo curso no meio acadêmico e, uma vez advogados formados, partiram para o mercado, sendo que João fez do seu escritório um dos mais procurados do país, e Pedro não conseguiu sequer 10% do sucesso de seu par.

João se dedicou mais do que Pedro?

Sim, dedicar-se faz diferença, o que é bem diferente de explicar o sucesso, pois a dedicação em si não é suficiente para gerá-lo (observe que o mundo está cheio de pessoas dedicadas que ainda não encontraram o que entendem por sucesso).

João merece mais do que Pedro?

Não seria sequer razoável acreditar num absurdo desse ou crer que um teve mais sorte do que o outro. O merecimento deriva de numerosas ações e não de algo que se possa determinar como "foi isso e pronto". Já a sorte que surge aqui e acolá é bem-vinda e, ao mesmo tempo, não pode ser o único recurso.

O mundo é apenas um lugar injusto que condenou Pedro a um resultado ruim?

O universo está repleto de oportunidades em variados planos, basta ver as pessoas que nasceram sem recursos e alcançaram o ápice no mundo dos negócios. Então, o argumento só se sustenta para acalentar quem porventura desiste das coisas.

E quanto ao carma?

Ao transferir todos os insucessos da vida aos motivos inexplicáveis, o ser humano joga ao acaso o sucesso que deveria estar sob sua responsabilidade (é mais fácil afirmar que o carma impediu o sucesso do que se programar, sofrer e lutar para obtê-lo).

Podemos parar por aqui as especulações, ou precisaríamos de um livro só para investigar supostas razões que levariam João ao sucesso, em detrimento de Pedro.

O fato é que não existe só uma resposta possível. De tanto refletir, conversar com especialistas e pesquisar sobre o assunto, surgiu uma nova questão que me fez escrever o livro: como criar uma mudança duradoura em nós e nos outros?

Estudei bastante, investi tempo, observação, atenção e dinheiro para encontrar a resposta. Dediquei-me fortemente a treinamentos específicos, em dezenas de cursos de capacitação humana, até que consegui atingir o processo que vou compartilhar em cada capítulo, daqui em diante.

Longe de ser um processo fechado e autoritário, a engenharia de vida não exige a concordância absoluta e irrestrita em relação a tudo o que vai ser apresentado. O conteúdo é uma sincera conclusão dos meus estudos e, principalmente, de tudo aquilo que experimentei ao longo de quarenta anos de carreira, como engenheiro civil e empresário da construção.

Serei o seu engenheiro a partir de agora, para abrir as portas (no caso, as páginas) e mostrar como proceder uma engenharia de vida. Vou trabalhar com obstinação, pois sei que a sua vida merece a melhor edificação possível, a mais profunda reforma e o mais belo acabamento.

Ofereço as boas-vindas ao meu sonho realizado, que se transformou nestas páginas e ganhou um propósito central: ajudar você a realizar cada sonho.

CONCRE TAGEM

Concretagem 1

COMO CONCRETAR O CALÇAMENTO DOS SONHOS

Isso mesmo. No lugar de capítulos, teremos concretagem. Escolhi o termo por duas razões, uma pragmática e outra poética.

1. É um dos materiais mais sólidos que fomos capazes de criar em toda a história da humanidade;

2. Imaginar, calcular e executar o processo que leva aos sonhos não pode ser algo baseado num "castelo de areia". É claro que desejamos sonhos que se concretizem, pois se o vento é capaz de levar a areia a qualquer lugar, não será capaz de levar a concretude de seus firmes sonhos.

Para compreender e aproveitar melhor o propósito do material que você tem diante de si, faz sentido conhecer o que me motivou a investir neste projeto.

Durante um longo período de estudos e descobertas, encontrei pesquisas que visavam medir o nível de satisfação dos cidadãos brasileiros. Tais estudos apontavam que apenas 20% dos entrevistados se reconheciam plenamente satisfeitos com suas vidas, levando em conta áreas como satisfação pessoal, profissional, ideológica, perspectiva de futuro e muito mais. A mim, 20% pareceu mais que alarmante, crítico, decepcionante, preocupante.

Como seria possível viver em paz numa atmosfera em que 80% estão insatisfeitos diante da vida que levam?

Indo mais a fundo, descobri que grande parte dessas pessoas se sente frustrada por não ter chegado aonde queria. Não por falta de ambição, mas pela sensação de incompetência, uma espécie de sentimento de impotência imposto pelas desventuras da vida. Ou seja, elas têm desejos e anseios que não combinam com a respectiva realidade. Para piorar o quadro, ainda carregam uma frustração com alto potencial de se transformar em depressão.

A pesquisa, é claro, tinha como objeto de estudo o ser humano adulto, de ambos os sexos, inseridos ou aptos ao mercado de trabalho. Isso me fez pensar que o papel da profissão é decisivo para o estado de espírito dos entrevistados, já que o trabalho representa a maior parte do tempo e da energia do cidadão brasileiro comum, como eu e você.

Concentrei minhas buscas e estudos em novas pesquisas, voltadas para a felicidade no trabalho, ou seja, a famosa satisfação profissional. Encontrei outro inimaginável dado, a insatisfação de 72% dos trabalhadores. Ou seja, quase ¾ dos entrevistados se diziam insatisfeitos com a carreira, parcial ou inteiramente. É impossível ter contato com números tão alarmantes sem se perguntar:

E eu? De que lado da balança estou?

A minha vida está na direção certa em relação ao destino que almejei?

É comum encontrar pessoas que se sentem derrotadas, dotadas da triste sensação de estarem perdidas e presas a uma condição limitante que não conseguem superar.

Há dez anos, enquanto fazia planos para o futuro, Joaquim, personagem verdadeiro com nome fictício para proteger a verdadeira pessoa que passou por isso, não imaginava que estaria exatamente onde está agora e tampouco que teria êxito em seus planos.

O personagem nos acompanhará por toda a obra, dividindo dores e ensinamentos, percalços e vitórias, crenças que precisaram ser superadas. Escolhi Joaquim para protagonizar a engenharia de vida por ser ele o mais aplicado aluno que tive, além de sua incrível capacidade de ser engenheiro da própria existência. Empresário consagrado, mas com dificuldades nas áreas financeira, pessoal e profissional, Joaquim me contratou como seu mentor, com o desejo de dar uma boa virada no rumo das coisas.

Ele venceu e conquistou seus sonhos, porém não significa que tenha sido fácil. Joaquim precisou pagar o alto preço que a vida exige para gerar mudança e abundância. Necessitou de muita paciência e resiliência para superar anos e anos de comportamentos equivocados aos quais se acostumara.

Levando a linha do pensamento até um tempo mais remoto, nas primeiras aulas Joaquim reconheceu que os seus planos datados de vinte anos não se concretizaram em plenitude.

Não faltava a Joaquim competências, inteligência ou capacidade de realizar sonhos. Arrisco dizer que Joca, como é tratado pelos amigos, é uma daquelas pessoas que não planejam o futuro passo a passo; o que é perdoável, pois os seus pais não ensinaram ou orientaram esse comportamento durante a formação.

Contratado para atuar como mentor, tratei de tranquilizá-lo.

— Calma, Joaquim. Não é o fim do mundo. A boa notícia é que agora você não está mais sozinho. Acredite, é assim que se comporta a maioria das pessoas, com dificuldade de pensar nos detalhes que envolvem o planejamento adequado do futuro, o que provoca certa dose de inércia no dia a dia e, em longo prazo, resulta na frustração dos sonhos.

Sem saber, desorientado pelo sentimento de impotência frente ao inquestionável fato de ver os sonhos patinarem, Joca tentava construir uma casa sem alicerce, um sonho sem metas e etapas, razão pela qual não havia "engenharia" na vida dele.

Estava tudo sombrio e nebuloso. Em pouco tempo de trabalho, recolocamos os sonhos de Joaquim no firme alicerce da construção, de maneira que a realização voltou ao seu radar.

Em sã consciência, ninguém vê numa existência marcada por pouca ou nenhuma realização um modo de vida ideal ou feliz.

Joaquim e aqueles que se sentem empáticos em relação ao *status quo* de não terem conquistado os sonhos não fazem as coisas de caso pensado, planejando não realizar. É uma sequência que, aos poucos, vai se transformando em cíclica e rotineira.

É compreensível que todos os problemas com os quais Joaquim lidava diariamente o tenham deixado em segundo plano. Não estou falando de falta de ambição ou de disposição, mas da falta de prática para colocar os sonhos nos devidos trilhos.

Todo sonho é possível e essa é uma regra que Joaquim

assumiu para si como mantra pessoal. Como não há limites para sonhar, o que existe são graus de dificuldade para os diferentes tipos de sonhos. A quem sonha alto, o esforço é maior e na proporcionalidade, vice-versa.

Ceder aos contratempos imputados pela rotina foi uma tentação que Joaquim não deu conta de afastar da mente e das ações. Isso o levou a dificuldades nas escolhas e da revisão no planejamento, que poderia reverter a situação.

Um dia, frente a frente, com o propósito de ajudar Joaquim a se reconectar às próprias aspirações, fiz uma pergunta que eu já sabia ser de difícil resposta.

— Responda, com toda a franqueza que o seu futuro merece, Joaquim: quais são seus sonhos?

Acelerando o que seria uma espécie de diagnóstico, precisei ainda fazer mais duas perguntas complexas.

— Você já admitiu não ter realizado tudo o que desejava. Mas o que conseguiu até aqui está em conformidade, próximo ou distante daquilo que o deixa feliz?

— Resumindo, Joaquim, com ou sem sonhos realizados, quero saber mesmo é se você está satisfeito com a sua vida. Porque, em caso positivo, o certo seria aceitar a realidade como parte indissociável de sua vida e, nesse contexto, realizar os sonhos não faria sentido.

— Aí não, Patriota. Posso admitir que a coisa tá feia! – argumentou Joca.

Confirmado que Joaquim não estava satisfeito, ofereci a "possibilidade" de uma vida de sucesso, com mais saúde, equilíbrio, melhores relacionamentos e uma carreira vitoriosa. Coloquei entre aspas porque nunca depende somente do mentor.

Passei a atuar na vida de Joca como um tipo de GPS, mas deixei claro que o engenheiro responsável pela construção dos sonhos seria ele por toda a condução do projeto.

Veja, portanto, que não se trata somente de realizar sonhos, mas de quanto se quer, como se faz e quando se conquista.

"Sem o desejo de construir um imóvel, o engenheiro é inútil. Sem o desejo e a ação para construir um sonho, o planejamento também é."

Eis o propósito da obra: assim como Joaquim aprendeu, quero legar a você a chance de obter a verdadeira engenharia de vida, para alcançar uma existência de sucesso duradouro, com solidez.

Joca se viu feliz ao descobrir que a engenharia de vida não exigiria dele tarefas sobre-humanas. Bastaria organizar a vida, usar conceitos estratégicos para blindar o efeito-rotina, projetar e planejar as atividades até alcançar todos os objetivos da carreira e dos anseios pessoais.

A proposta visa firmar uma trajetória que elimine barreiras e facilite desenvolver todo o potencial de realização, de forma efetiva e profissional.

Antes de revelar os novos caminhos de Joca, sugiro que acompanhe a trajetória de gente que me inspirou muito e que, até hoje, serve de exemplo ao que é perseverar em busca de um sonho ou um ideal. Vou citar só dois exemplos, porque a lista de figuras inspiradoras que admiro é tão longa que precisaria de um livro inteiro.

> **"Tem gente que é capaz de construir um futuro auspicioso até mesmo quando faltam os tão necessários tijolos."**

A bela e improvável trajetória de Christopher Paul Gardner despertou a atenção do mundo. Mas poucos ouviram falar do grande trompetista Chris Gardner. A fama alcançou o grande investidor Gardner, cuja história emocionou milhões no cinema. Por ironia do destino, Gardner não se tornou o trompetista que desejava ser.

Nascido nos Estados Unidos, berço do *jazz*, nada mais natural do que se tornar um fervoroso admirador do ritmo. Seu ídolo era o compatriota Miles Davis e Gardner estipulou para si a meta de alcançar a qualidade técnica do maior expoente do instrumento, seu mestre do *jazz*, Miles Davis. Estudou e praticou por dez anos, desejoso de conseguir se equiparar ao mestre, até que sua mãe fez uma revelação.

— Chris, o reino de Miles Davis está consolidado e ele nunca perderá seu trono – teria dito aquela que trouxe Gardner ao mundo.

Gardner acalentava um sonho audacioso. Seria como pensar, para nós, que algum brasileiro viesse a superar e desbancar os legados de Pelé, Jorge Amado, Chico Xavier ou Ayrton Senna da Silva.

Se por um lado o choque de realidade impetrado pela mãe acabou com os sonhos do cara, por outro despertou nele uma epifania: Davis conquistara espaço no mundo e na eternidade, então Chris descobriria qual seria o seu espaço, qual montanha escalaria para chegar ao cume. Dessa forma, como se fosse um tipo de consolo à sua frustração, decidiu abraçar outro sonho, antes secundário: ganhar milhões de dólares.

E foi assim que os Estados Unidos ganharam um excepcional financista e, ainda mais importante, um mito que inspirou o mundo. A grande virada não foi só uma questão de escolha. Se no século XXI seria difícil para uma pessoa sem recursos alcançar o sucesso começando do zero, imagine nos anos 1980, antes da *internet*, quando as grandes fortunas se concentravam em pequenos grupos.

ENGENHARIA DE VIDA

É de conhecimento comum que, antes de se tornar referência, Chris passou por maus bocados, encarou provações que fariam a maioria desistir. Mas não ele. Dedicado e fiel aos sonhos, alcançou o sucesso mesmo depois de viver na miséria. Exatamente por isso, o admiro tão profundamente. Poucos na história saltaram da condição de miserabilidade, de sem-teto, e alcançaram a posição de milionários. Gardner se mostra um exemplo prático do utópico e famoso "sonho americano".

A quem, porventura, ainda não teve a chance de conhecer essa história em detalhes, Chris Gardner encheu de lágrimas os olhos de muita gente ao redor do mundo, com sua história contada no livro *The pursuit of happiness* (*À procura da felicidade*) que, mais popularmente, foi para as telas de cinema com a interpretação memorável de Will Smith no filme de 2007, de mesmo nome.

Estamos falando de um cara que se viu desempregado, abandonado pela esposa, pai solteiro e mendigo, carregando o filho pequeno para abrigos de sem-teto, bancos de jardim e banheiros públicos, ocupados à força para servirem de dormitório a pai e filho, numa desesperadora rotina que se estendeu por longo período.

A partir do esforço, da fé e do espírito empreendedor, Gardner reverteu a penúria e acumulou uma fortuna estimada em US$ 600 milhões. A metamorfose, é claro, dependeu de uma confluência de fatores que se alinham com a mesma frequência dos astros que geram o eclipse, mas não muda o fato, nem exclui o mérito ou a resiliência do rapaz.

A princípio, pode se pensar que somente nos Estados Unidos uma história com esses requintes de cinema hollywoodiano seria possível. Naquela época, talvez. A virada do século mudou as coisas. Tanto lá como em outros países, pessoas já conseguem repetir ou até mesmo superar conquistas semelhantes ao que Gardner validou.

Compartilhei a história do mendigo que se tornou milionário com Joaquim, que ainda não conhecia. Ele fez uma pergunta.

— Patriota, de toda maneira, é uma daquelas famosas exceções que confirmam a regra de sempre existir exceção? Na vida real, o buraco é mais embaixo.

Minha resposta o fez refletir por muito tempo.

— Pode até ser, porém temos o direito de decidir se na vida vamos ser a regra e cumprir o que todo mundo faz ou a exceção, e sair da curva para buscar o que desejamos.

Pode-se concordar e admitir que os Estados Unidos têm verdadeira fixação por esse tipo de história, de "contos da gata borralheira" que exaltam a possibilidade de alguém sair da pobreza e ficar rico. É o conto de fadas que define, aliás, o chamado *american way of life*.

Quem confirma esse estilo tão tipicamente americano é a apresentadora, empresária e atriz norte-americana Oprah Winfrey. Para ela, "na terra das oportunidades, quem se empenhar e trabalhar duro tem boas chances de se dar bem".

Não há, no mundo, alguém que se arrisque a contestá-la. Nascida na miséria, no paupérrimo e segregacionista estado do Mississippi, filha de mãe solteira, Oprah acabou se transformando na mulher negra mais rica da história do país, criou e apresentou o programa televisivo de maior popularidade e se tornou uma das empresárias mais poderosas do mundo.

Por seu sofá passou, inclusive, o próprio Chris Gardner. Chris Gardner fortificou a coluna de sua vida com o concreto da felicidade.

Não precisamos conquistar o mesmo que ele conquistou, tampouco quer dizer que só milionários são felizes, mas podemos cravar uma certeza:

"Sem uma vigorosa coluna de felicidade para sustentar os sonhos, o ser humano vê o corpo e a mente vergarem diante das dolorosas adversidades que resultam em frustração."

Preparado o pavimento dos sonhos, vamos para a segunda etapa.

CONCRE TAGEM 2

Concretagem 2
AS SUPOSTAS CAUSAS DA FRUSTRAÇÃO E DA INFELICIDADE

Não se pode confundir felicidade com satisfação. Partindo dessa premissa, estamos prontos para as colunas. A análise pelo viés científico pode definir a felicidade como uma emoção básica caracterizada por um estado emocional positivo, com sentimentos de bem-estar e prazer, associados à percepção de sucesso, à compreensão coerente e lúcida do mundo. Como o próprio significado da palavra aponta nos dicionários, satisfação é o prazer que advém do que se espera, de algo que valoramos como positivo. Diferentemente da felicidade, que é basicamente interna, um estado de espírito que depende de nós, a satisfação é basicamente externa, pois normalmente depende também de outros.

Pesquisadores do mundo inteiro têm se esforçado para avaliar as relações positivas que a felicidade exerce sobre a saúde mental. O esforço financeiro e qualitativo dessas pesquisas mostra que o mundo passa a olhar para a felicidade por meio de uma contemplação que deixa de ser utópica e vai se tornando mais objetiva.

Enquanto fiz as tantas pesquisas que realizei, percebi que, há alguns anos, a psicologia e a psiquiatria demonstravam significativo interesse pelo estudo mais aprofundado da felicidade. Isso representa uma mudança de paradigma, já que, ao longo de praticamente todo o século XX, o foco dos estudos, para esses profissionais específicos, manteve-se direcionado às doenças, causas e tratamentos.

Se voltarmos os olhos aos primórdios da área médica, nos lembraremos de que a psiquiatria concentrava esforços e pesquisas nas doenças mentais sem atravessar a compreensão ou o desenvolvimento da saúde mental. Por outro lado, sem a intenção de rivalizar a perspectiva das especialidades, é justo dizer que a psicologia não é só o estudo da patologia e da fraqueza. Representa também o estudo da força e da virtude.

Educar não significa consertar o que estaria errado, mas enxergar e estimular suas capacidades, para que se ampliem e desenvolvam. Assim é conosco, adultos. Inclusive, no Brasil, estudos realizados com pessoas saudáveis de diversas idades, classes sociais e áreas de atividade vêm apresentando olhares profundos a respeito da felicidade.

Ora, a felicidade é considerada um valor precioso e indiscutível. Se no passado o homem tinha dificuldade de assumir que buscava a felicidade pelo temor de parecer frágil, isso mudou. A busca por ser feliz é amplamente difundida como objeto de desejo máximo entre homens e mulheres. Seja por meio da publicidade, da medicina, da religião ou mesmo da evolução do ser humano por meio das relações, o fato é que a felicidade se transformou no *graal* da sociedade moderna e merece toda a atenção do mundo.

É possível estabelecer que diversos estados de espírito ou experiências específicas podem produzir felicidade: amor, alegria, saúde, saciedade, prazer sexual, segurança, serenidade, conquista, superação. Podemos ainda cravar que as emoções como tristeza, medo, raiva e nojo, além de estados afetivos como ansiedade, angústia, dor e sofrimento, são condutores comuns para diminuir a felicidade.

Entretanto, se pensarmos como um todo, comparações feitas entre grandes amostras populacionais de diversos países demonstram diferenças robustas e estáveis nos níveis de felicidade.

Não se pode ser simplista com um assunto tão delicado. Ao contrário do que um dia se afirmou mundo afora, principalmente no campo filosófico, felicidade não é só a condição que difere qualitativamente da ausência de infelicidade.

Deixo a minha conclusão, que não precisa estar certa ou errada, melhor ou pior, se comparada às propostas que visam elucidar o tema: todo mundo quer ser feliz ou, melhor ainda, deseja se livrar do sofrimento e ser feliz, como se a busca pela superação do sentimento oposto resolvesse ou influenciasse a construção da felicidade. Como se pode perceber, é tão fácil correlacionar felicidade e facilidade quanto misturar água e óleo. Traduzindo o assunto e o levando até a nossa analogia maior, sob o ponto de vista da engenharia de vida, não é fácil construir algo. Por que haveria facilidade na busca pela felicidade?

O que faz Joaquim feliz não deve ser regra, porém não se descarta uma boa fonte de inspiração. Embora Joca não seja Gardner, aprendeu a praticar o que o músico e financista fazia de melhor, vencer os erros e medos, lutar por acertos e vitórias. Ofereci a ele explicações científicas e psíquicas para investigar a felicidade e compartilhei o pensamento de muitos autores e pensadores.

— Joaquim, não sei se você deixou escapar da nossa mentoria uma percepção. Nem sempre existe resposta definitiva para uma questão subjetiva. Percebo que a realização dos sonhos exige uma trilha diferente, segundo a qual as perguntas certas valem mais do que as supostas certezas.

Joca olhou para o canto, todo pensativo, propenso a concordar e, ao mesmo tempo, procurando um argumento para se sustentar.

— No caso da realização dos sonhos, a felicidade seria o ponto central? – perguntou Joaquim, ao que respondi com atenção e carinho.

— Apesar de considerarmos todo o aspecto impalpável da felicidade e dos sonhos, devemos nos fazer algumas perguntas, como se fôssemos detetives da íntima felicidade. São elas: a) sou capaz de determinar com clareza e convicção o que me faz feliz? b) e o que me faz infeliz? c) eu me conheço o suficiente para saber o que é bom e o que é ruim para mim? d) O que elegeu para ser feliz prejudica alguém? Sem responder a essas perguntas com frequência, será tão fácil realizar sonhos e ser feliz quanto construir um prédio sem cimento e tijolos.

— Interessante, admito que nunca me fiz esse tipo de pergunta. Ainda assim, meu caso tem jeito?

Outra vez, tranquilizei Joca e o faço com o leitor. A regra é simples:

"Quem sabe as perguntas certas e as evita, chuta para longe a chance de ser feliz e atrai um dos mais nocivos sentimentos, a culpa."

Ficaríamos surpresos com a quantidade de gente incapaz de definir o que é felicidade. Não, isso não significa que essas pessoas sejam infelizes ou depressivas, só que não sabem o famoso "caminho para a felicidade". Querem ser felizes, é claro, mas não sabem sequer por onde começar ou, em muitos casos, não querem saber.

— Realmente, parece difícil. Cada pessoa enxerga a felicidade de uma forma e, na mesma medida, trilha um caminho pessoal e intransferível – defendeu Joaquim.

— Sim, você está correto. Uma vez identificada a desorientação sobre a merecida felicidade, sugiro que comece por entender o que não traz felicidade. Por eliminação, é uma estratégia fácil para retirar tudo o que atrapalha a vida e, de quebra, descobrir ou reconhecer os próprios limites, atitude fundamental em qualquer momento da vida.

— Eu deveria ir mais a fundo na análise, avaliar as causas de não ter conseguido o que desejava, ou só dispensar o que atrapalha?

A pergunta de Joaquim, diga-se, bem executada, exigiu uma resposta mais expansiva.

— Sem dúvida, colocar foco no passado seria uma decisão temerária. Isso não quer dizer que devemos abrir mão de avaliar as causas da infelicidade e dos sonhos não realizados, pois saber contra o que e quem lutamos é o primeiro passo para as grandes conquistas.

Na verdade, para virar o jogo é imperioso fazer quatro escolhas: a primeira é não se conformar com a situação, não desistir dos sonhos ou, como se diz no jargão popular, "não jogar a toalha". A segunda é esquecer o passado, esquecer o que perdeu. Se perdeu emprego, dinheiro, casamento, amigo, se faliu a empresa, esqueça. Quem vive olhando para o que perdeu tem dificuldade de olhar para frente, de estabelecer objetivos e sonhos. O problema ficou no passado, a solução está no futuro. O que aconteceu no passado ou acontece agora não define totalmente o futuro, mas, sim, o significado que você dá aos fatos e a decisão "para onde quer ir". A terceira escolha é identificar e vencer o medo que impede de avançar até o que se quer alcançar. A quarta é ter visão de futuro para descobrir os seus propósitos e sonhos. Veremos tudo isso, em detalhes, ao longo da nossa caminhada pela obra.

Assim acabou a aula de mentoria daquele dia. Joca estava extasiado, *mindset* expandido, pronto para testar ações há tempos deixadas de lado. Vou detalhar em etapas o que apresentei a ele como as causas e os efeitos mais comuns atribuídos à infelicidade. Compartilho esse conteúdo com a forte sensação de que certamente auxiliará na jornada dos leitores, tal qual ajudou a mim, num plano pessoal, e a meu cliente, Joaquim.

Os principais fatores para a desmotivação e a infelicidade estão relacionados à carreira de uma maneira bem ampla.

— Afinal de contas, quais são as causas da frustração, da insatisfação com a vida e com o trabalho? Eu gosto do que faço na carreira, embora ainda não tenha conquistado os sonhos – alegou Joaquim.

— Certamente, várias causas, Joca.

Foi aí que resolvi elencar e gerar uma compreensão mais apurada ao meu cliente, dica que deve ser deixada aos leitores: quando um assunto relacionado à felicidade e aos sonhos se mostrar complexo demais, fragmente causa, efeito, compreensão, ação e atitude. Tal qual funcionou para a medicina, que aumentou a expectativa de vida da humanidade a partir da fragmentação e das especialidades, onde cada médico passou a cuidar de uma parte do corpo, há de funcionar para nós, que precisamos avaliar cada parte dos anseios.

Na engenharia, seguimos a linha da medicina. Para garantir qualidade, rapidez e segurança, dividimos uma obra de magnitude em diversas etapas que envolvem dezenas, centenas ou milhares de pessoas, além de recursos, materiais e maquinários. Como um gigante quebra-cabeça, cada pessoa ou recurso serve a determinado e específico objetivo, que acabará por resultar na integração ao todo da obra em curso.

Assim o faremos. Já sabemos que o ambiente profissional deve ter nossa atenção. Então, vamos agora fragmentar os três ambientes que mais colaboram com as frustrações durante a formação e a vida adulta. Nos próximos capítulos, fragmentaremos ainda mais a compreensão de existir e contribuir para um propósito de vida e de carreira. Por ora, peço ao leitor a mesma concentração que solicitei a Joaquim sobre as três áreas, por ocasião desta aula de mentoria.

1. **Família** – de forma geral, respeitando as numerosas exceções, a família brasileira não tem cumprido bem a obrigação e a missão de educar. Refiro-me ao papel dos pais em relação aos filhos, evidentemente. Cada vez mais, devido aos compromissos corporativos, ao avanço digital e à correria do dia a dia, a família vem terceirizando responsabilidades para babás, empregadas domésticas, vizinhas, amigas, parentes. Quando não, transferem as tarefas de forma mais perigosa, para objetos massificadores e padronizadores de pessoas; televisão, *internet*, jogos eletrônicos, celular e seus vários similares. Não é preciso discorrer muito para deixar evidente que o excesso disso tudo está errado. Os valores familiares são, desde tempos remotos, a base da formação de uma personalidade forte, segura e preparada para um futuro que não é fácil a ninguém. Sem a base, quando a pessoa alcança a fase adulta, só o fato de pensar em sonhos é difícil. Realizar os sonhos, na cabeça da pessoa educada com privação

de valores fortes, é "coisa de cinema" ou, como exemplifiquei, "coisa de Chris Gardner". Da mesma forma que várias famílias têm subvertido valores consagrados para formar novos indivíduos, por razões fáceis de identificar e difíceis de justificar, outra estrutura elementar da formação das pessoas na base tem sido sumariamente subtraída a um espaço secundário que não exerce mais o seu poder sobre a construção do saber e das lições fundamentais de vida. Especifiquei a Joaquim a que estrutura me referia, o que nos leva ao segundo item elencado.

2. **Círculo social** – não é segredo que as pessoas com quem nos relacionamos exercem forte influência sobre o nosso comportamento e até mesmo o desenvolvimento da personalidade. Isso porque costumamos nos relacionar com semelhantes, sob os pontos de vista da maneira de pensar a vida, conduzir obstáculos, ter e realizar sonhos. Acontece que essa influência, em situações pontuais, pode representar aspectos negativos, pois seria ingenuidade supor que só as qualidades inspiram. Obviamente, acabamos por modelar os pontos fracos dos que nos cercam e por nós são queridos. Quando permitimos que a opinião de terceiros em quem confiamos, do círculo social a que pertencemos, seja mais forte do que o nosso desejo, a influência negativa se firma. A pessoa diretamente ligada a nós recebe um nível de confiança alto, concedido justamente por nós e praticamente inabalável.

Por fatores que se desconhece, ela aceita essa confiança e retribui, oferecendo a propagação de sugestões vagas ou prejudiciais, ainda que sem querer, e acaba por impedir ou retardar o nosso sucesso. Muitas vezes, não somos capazes de perceber o peso que o discurso de má influência causa. Então, todo cuidado em quem se confia é válido. Recomendei a Joaquim que se mantivesse cercado de pessoas positivas, desbravadoras do sucesso e que, por efeito, não cedesse aos encantos e conselhos de quem procurava mantê-lo inseguro, desconectado dos sonhos. Ato contínuo, elenquei uma terceira influente causa da infelicidade.

3. **Escola** – o modelo de escola atual, salvo algumas ilhas da excelência, tem falhado ao preparar alunos para o mercado e para a vida. O conceito instituído, que visa atender a várias frentes de ensino com oportunidades e perspectivas futuras, não oferece necessariamente o êxito que os educandos precisam. Na contramão da ideia, tem tornado os alunos mais dispersos, dada a falta de profundidade na aprendizagem. Dessa forma, os recém-formados, principalmente na comunidade da engenharia, não têm visão clara de mercado, habilidade de gestão ou de trabalho em equipe, liderança, legislação profissional, normas técnicas, comunicação e interpretação da língua portuguesa ou, ainda, domínio de idiomas estrangeiros, principalmente o inglês. Isso tudo mina a possibilidade de amadurecimento

profissional e a satisfação futura, resultando em condições adversas que se refletem no aumento da infelicidade entre a população, que se vê perdida, precisando de orientação para manter a vida em ordem. Algumas pessoas sequer têm noção das consequências da infelicidade em sua saúde física e mental.

Quando finalizei os argumentos, a pergunta de Joaquim estava na ponta da língua.

— Patriota, você diria que o modelo de ensino, tal qual existe, está fadado ao fracasso?

Ofereci a ele uma resposta negativa. Não cabe generalizar. O papel responsável que nos cabe, como educadores, *coaches*, formadores de opinião e pais, é o de incutir conteúdo aos que foram ou têm sido educados com limitações típicas das instituições de ensino, inclusive nós.

— E tem mais, Joaquim. A reflexão que acabo de oferecer não quer dizer que a família, a escola e o círculo social sejam vilões, mas que existem armadilhas nesses ambientes, muitas vezes invisíveis. Estamos acostumados a pensar que toda a frustração que carregamos tem por origem o trabalho. Mas, em alguns casos, escolhas e decisões praticadas ou adotadas nesses três setores fazem a diferença. A vida é marcada pela relação de causa e efeito, desde que o mundo é mundo. Se avaliarmos as causas, é válido nos debruçarmos sobre os efeitos, o que nos leva ao próximo capítulo da engenharia de vida.

CONCRE TAGEM

Concretagem 3
O PAPEL DO DINHEIRO NA ENGENHARIA DE VIDA

cenário vivido por Joca e pela maior parte dos brasileiros me fez dedicar um capítulo ao dinheiro, para discorrer a respeito desse recurso que exerce protagonismo em nossas necessidades cotidianas.

Qualquer ser humano, independentemente da profissão, classe social ou dos objetivos almejados, têm como projeto de vida ser bem-sucedido, sob os pontos de vista pessoal, profissional e financeiro. A casa dos sonhos, a família tão desejada, o carro recém-lançado, o emprego batalhado, a estruturação da própria empresa, a espetacular viagem de férias.

A conquista desses objetivos está atrelada a um sentimento gigantesco de realização de quem tanto sonhou, ao longo da vida. Contudo, além de esforço, engajamento e determinação, há outro fator determinante, o dinheiro, recurso importante para absolutamente tudo, da doçura de nascer à despedida ao morrer.

Crises cada vez mais duradouras, desemprego recorrente e aumento de preços tornam essa relação tensa. No dia a dia, vai ficando mais difícil alcançar esses objetivos e manter aquilo que já conquistamos.

Não seria justo negar que tudo isso acontece. No entanto, o dinheiro está para a vida como o prumo está para a engenharia: pode garantir a retidão da busca pelos sonhos ou os caminhos mais sinuosos e difíceis.

Pensar no futuro não é só poupar. É aferir como gerencia o dinheiro, entender a diferença entre poupar, economizar e investir.

Economizar significa otimizar os gastos e reduzir despesas desnecessárias, que podemos chamar de gastos supérfluos. Poupar consiste em reservar parte dos recursos para utilização futura, que fazem jus aos perfis estratégicos e ajudam a formar e direcionar ao terceiro conceito que mencionei, investir.

Vale explicar, mesmo que o verbo investir pareça óbvio: investir é a melhor forma de aplicar os recursos poupados. Em outras palavras, é uma forma de fazer com que o seu dinheiro "trabalhe" por você, gerando juros acumulados e invertendo a lógica cruel. No lugar de pagar juros acumulados por cartão de crédito, cheque especial ou empréstimo, receber juros acumulados de investimentos derivados de uma graninha que passou a ser poupada, até que fosse suficiente para se multiplicar.

Quem almeja conquistar os objetivos e ter a garantia de um futuro financeiramente estável, precisa de um planejamento financeiro e, se ignorar isso, vai andar por aí à mercê do banqueiro e de seus juros acachapantes.

Ao planejar, a pessoa aprende a controlar e refrear os impulsos de compra, ter disciplina com todos os gastos e pensar no dinheiro "de forma rica". Ou seja, como um recurso para realizar a vida e realizar sonhos, em vez de um recurso só para pagar contas e boletos.

Joaquim passou a pensar no futuro e se educar para a junção dos três conceitos: economizar, poupar e investir em busca de um futuro financeiramente sólido. Ele entendeu que não se faz engenharia de vida usando o dinheiro para pagar só juros e contas, o que seria equivalente a fixar o melhor porcelanato do mercado com argamassa de péssima qualidade. Resolvi testá-lo, para confirmar se ele estava mesmo entendendo.

— Partindo da reflexão lógica para os contextos filosóficos do recurso, será que o dinheiro, por si só, traz felicidade?

— Acho que é necessário, mas tenho a sensação de que não é suficiente!

Não existe resposta certa ou errada. Porém é uma primeira pergunta que devemos nos fazer, para provocar e entender as crenças e os valores que carregamos (o que ajuda a interpretar as melhores decisões que envolvem dinheiro).

Teorias simplistas sugerem que os detentores de renda mais elevada, em geral, têm mais oportunidades para alcançar o que desejam, isto é, podem comprar mais bens materiais e serviços. Nessa lógica, uma renda mais elevada proporciona maior utilidade e os mais pobres seriam, teoricamente, mais infelizes, o que não encontra respaldo nos fatos, pois em áreas carentes do Brasil e regiões menos favorecidas de todo o mundo, encontraremos gente feliz e com sonhos realizados, independentemente da condição social ou da precariedade de oportunidades e recursos.

O resultado mais robusto e geral é que as pessoas mais ricas tendem a se considerar mais felizes, resumindo dessa maneira que sim, o dinheiro realmente traria felicidade. Enquanto isso, a relação entre renda e felicidade é significativamente mais complexa e nem absoluta no que diz respeito à proporção do volume de um sobre a intensidade positiva do outro.

A única verdade incontestável é que a obsessão contemporânea pelo acúmulo de riquezas materiais, ou até mesmo o dinheiro puro e simples, tem subvertido o conceito de felicidade pelo patrimônio, dado que muitos dos que tentam alcançar a felicidade apenas pela riqueza acabam frustrados e infelizes com os resultados insatisfatórios.

Tomando como base a minha experiência de engenheiro da própria vida, a resposta que ofereci ao meu companheiro na viagem da mentoria foi um sonoro "não". A mim, o dinheiro, enquanto elemento físico e palpável, não oferece garantia de felicidade. O que ele pode trazer (e não existe qualquer garantia disso também) são oportunidades. Volto a dizer: esta é mais uma opinião a respeito do tema, que não precisa estar certa ou errada. No entanto, atuando como autor e defensor da proposta de gerar engenharia na vida do leitor, não posso deixar de opinar.

Entendo que o foco para a verdadeira felicidade precisa ser outro, concreto, definitivo e, inclusive, mais leve porque a busca pela felicidade, quando equivocada, acaba nos levando a caminhos tortos e direções opostas à pretendida inicialmente. Uma vez engolidos pela frustração, tudo fica mais difícil, cada passo é mais doloroso e toda vitória parece breve, fugidia.

> "Na engenharia, calcula-se o uso da draga
> para limpar grandes volumes. Na vida,
> a frustração é a draga que varre a felicidade
> em todos os volumes de nossa porção inconsciente,
> como se nociva fosse."

Nota-se, portanto, que tudo está interligado, razão pela qual decidi batizar o método de engenharia de vida. Sem os sonhos, a infelicidade é um passo largo e previsível até uma doença séria e letal, a depressão. Ignorada, evitada ou tratada inadequadamente, com certeza vai acabar encerrando a jornada que tenderia a ser brilhante.

— Deprimido, posso garantir que não estou. Então, me resta alguma luz no fim do túnel? – indagou Joaquim, brincalhão, o que me fez responder à altura e mostrar que algumas distâncias só parecem grandes quando não há qualquer ação, movimento ou passo dado.

— Não se preocupe, Joaquim. Vamos encontrar a luz pelo caminho e não será só no fim do túnel. Em breve, deixaremos a estrada da infelicidade, que é pouco iluminada, esburacada, mal sinalizada e perigosa. Afinal, a engenharia de vida está apta a reformar cada quilômetro de sua estrada, para que chegue aos sonhos e à felicidade em segurança, sem o desconforto das privações. Mas pode apostar, Joaquim. No final, depois de andar bastante e transpirar tanto quanto um maratonista, o resultado terá efeitos por toda a sua vida.

Entendida a questão da saúde e da educação financeira, a primeira lição de Joaquim foi adotar serenidade para perseguir seus sonhos, além de foco, determinação, ambição, perseverança e paixão, sentimentos que não podem faltar à jornada. Para alcançar os objetivos, meu cliente foi convidado a entrar de corpo e alma na caminhada, que não seria curta, tampouco plana, fácil ou indolor.

Veja que virada de raciocínio a engenharia de vida propõe, não apenas para quebrar, mas para estilhaçar os paradigmas: a serenidade deve vir antes de todos os temas defendidos por especialistas. Pouco adiantaria ter um cara determinado e ansioso, ambicioso e estressado, perseverante e impaciente, apaixonado e angustiado. Por isso, a serenidade deve vir antes de todas as qualidades com alto poder de impulsão.

De toda a obra, se essa lição ficar cravada no coração do leitor, já considerarei uma grande vitória, pois foi justamente a serenidade que me permitiu mudar de vida, avançar, crescer como empresário e me tornar mentor de outros empresários.

Para mim, modéstia à parte, foi motivo de honra e orgulho fazer parte da conquista que ofereci a Joaquim, que decerto terá repercussão e repetição na vida dos leitores.

ENGENHARIA DE VIDA

A única instrução de uso é a seguinte: uma ação pontual, uma mudançazinha frágil não basta. Para que seja possível melhorar a qualidade de vida, as demandas de natureza pessoal e profissional, a engenharia de vida precisa fazer parte do estilo de vida e do cotidiano.

No estilo de vida, orbitam os sonhos, e no cotidiano, tal qual renomados engenheiros, construímos uma existência pela qual teremos certeza de que valeu a pena viver.

Por falar em valer a pena viver, sonhos e cotidiano, a exemplo do que acontece na engenharia, colunas são edificadas e reforçadas para suportar pressão. A considerar que estamos desenvolvendo a engenharia de vida, o roteiro da próxima concretagem será estabelecido por cinco colunas profundas e transformadoras, rígidas o suficiente para suportarem a pressão das adversidades, que costumam atravancar o que desejamos para a vida, a carreira e a família.

CONCRE TAGEM

Concretagem 4
AS COLUNAS QUE SUSTENTAM OS SONHOS

Eu me recordo do dia em que o empresário Joaquim, que depois passaria a ser um amigo e se tornaria Joca, fez uma pergunta que revelava a compreensível ansiedade.

— Como vai ser o caminho, o que terei de fazer?

Acalmei o cliente, pedi serenidade e aleguei que a resposta viria em seguida, pois a engenharia de vida é um caminho que o levaria a construir sonhos mais profundos e geraria um "mapa" com as coordenadas mentais e atitudinais, não por referências externas, mas internas.

A engenharia de vida tem esse efeito positivo a todos, embora diverso a cada pessoa porque trabalha exclusivamente com as experiências de vida individuais e não massivas.

Além disso, a metodologia não propõe resolver sonhos ao tempo em que se frita um pastel. Um determinado espaço de tempo é crucial e será exigido sem negociação (valeu dar esse pequeno e bem-intencionado puxão de orelha porque Joaquim se mostrava um poço de ansiedade).

Sem dúvida, Joca não é o único brasileiro que leva a vida ao sabor das tendências ansiosas. Eu e você, com toda certeza, conhecemos e amamos pessoas que valorizam mais a ansiedade do que a conquista e, por agirem assim, acabam não aproveitando a melhor fase de toda conquista valorosa, a jornada. E assim finalizei, para que ele compreendesse sem margem para dúvidas:

— A conclusão das cinco colunas interativas permitirá que você encontre, com serenidade e sem pressa, tanto a rota como o plano para trafegar, até que alcance cada sonho.

— Admito que estou mesmo ansioso para começar – assumiu o cliente, imaginando que eu não havia percebido.

"Urgência não é pressa, mas a necessidade de resolver algo que dificilmente será urgente para as outras partes envolvidas na questão."

O que a maioria procura – e espero, de coração e humildemente, ser uma das fontes fornecedoras – é solucionar o problema que aflige, a frustração que cobra alto preço, a procrastinação que faz os sonhos serem empurrados com a barriga e a felicidade, que parece se esconder estrategicamente numa espécie de labirinto.

Não existe problema mais forte do que a capacidade de superação. Se o dilema transborda e sufoca, devemos tratá-lo com a devida urgência, mas não com a indesejável pressa, tradicionalmente inimiga da perfeição.

Dito isso, reitero que a engenharia de vida é um caminho que passa necessariamente pelo autoconhecimento, para elucidar as trevosas dúvidas, ajudar a alcançar os objetivos da carreira e das demandas de ordem pessoal. Apresento, como anunciei, as colunas que podem sustentar a obra de sua existência.

A primeira coluna é a conjuntura atual e deve sustentar o estado em que nos encontramos, para que se possa ver e assumir essa realidade, por mais complicada ou indesejável que se mostre.

> "A jornada começa com a consciência sobre onde você está e não com a obsessão de aonde quer chegar."
> (Amma Bhagavan)

A obra de uma vida inteira tem início assim que começamos a colocar essa coluna de pé, com a consciência de onde está, que representa o momento ideal para se fazer uma profunda análise sobre a qualidade do "estado de consciência".

Em outras palavras, "quão eficiente" a pessoa é para perceber de maneira racional o que tem acontecido em sua vida (muitos estão frente a frente com a realidade que infelicita ou frustra, mas não percebem, não querem ver ou admitir).

O início de uma nova vida é o momento certo de buscar um estado elevado de consciência, refletir e responder às perguntas certas.

O que é a vida?
O que estou fazendo aqui?
Para que serve tudo isso?
O que estou fazendo em benefício próprio?
O que estou fazendo de positivo para outras pessoas?

— São perguntas complicadas para responder! – assumiu Joca, percebendo que teria muito trabalho pela frente.

A ele e aos leitores, cabe legar que o diagnóstico da conjuntura que retrata as várias áreas da vida é o melhor amigo dos que desejam realizar os sonhos edificados por uma existência memorável.

Uma verdadeira "roda da vida" constitui a importante e necessária ferramenta que resulta na avaliação gerada pelo diagnóstico. Isto é, um passo de cada vez, aferindo quatro áreas específicas que precisamos considerar e trabalhar: pessoal, profissional, relacionamentos e qualidade de vida. É claro que muitas outras áreas formam o nosso bom viver e serão abordadas, porém essas quatro comandam e impactam as demais.

Fui bem franco com Joaquim. Há momentos em que só a verdade importa e florear ou dizer o que o cliente gostaria de escutar (em vez do que deveria) só prejudica a evolução.

— Sei que nem deveria dizer, mas vou reforçar. É indispensável que seja bem honesto consigo, Joca. Todo esse trabalho será feito para você, a única pessoa habilitada a realizar os sonhos que carrega. Se tivesse que dar uma nota entre 0 e 10, onde 0 seria muito ruim e 10, excelente, que nota daria a cada uma dessas áreas de sua vida?

Joaquim avaliou o que julgava o *status quo* de suas experiências atuais nas quatro áreas. Como era de se esperar, as notas estavam lá embaixo.

Mais importante do que fazer boas avaliações, é ter a coragem de Joca, de ser verdadeiro e não privar a própria consciência do contato com a realidade, por mais dolorosa que seja.

Respostas concedidas, chegou o instante de ajudar Joaquim a definir pontos específicos e importantes de sua vida.

Já familiarizado com a imersão, se preparou para analisar sua vida como um todo, sem o infundado receio de se decepcionar com o resultado.

— Entendi a questão toda, Patriota. Quanto mais sincero for comigo, mais rápido vou ter acesso aos objetivos que tracei, e se a besteira já foi feita, não adianta esconder – concluiu Joca, com a sua sinceridade habitual.

Ele estava certo. Expandindo a reflexão até as outras áreas, o início de uma jornada rumo à engenharia de vida é entender como andam os aspectos saúde e disposição, dois fatores que Joaquim e todos nós devemos considerar.

A disposição física durante o dia a dia dita o ritmo do nível de energia empregada a todas as áreas da vida. Sim, me refiro, por exemplo, à energia desprendida a caminho do trabalho. O sentimento durante a caminhada ou a direção, ao volante, ditará o que e como será o dia de trabalho. Amargurados ou ressentidos, atraímos pessoas e situações. Emocionalmente fortes, idem.

Outro fator crucial para entender a conjuntura atual é aferir a quantas anda o desenvolvimento intelectual, que revela essa vital necessidade. Tudo depende da capacidade sob vários aspectos.

A pessoa curiosa procura vasculhar as profundezas do conhecimento de si e dos outros, das circunstâncias sobre várias perspectivas e não apenas com base em sua opinião.

Não se trata só de ler ou absorver novo conteúdo, mas de constituir opinião crítica que facilite a tomada de decisão.

Em seguida, vem o equilíbrio emocional. Perder a cabeça no trabalho, romper relações com determinada pessoa ou grupo, construir a fama de quem não negocia, a reputação de pessoa rígida ou ríspida; tudo isso reflete pistas, sinais de que o equilíbrio emocional não tem sido aplicado ao exercício de trabalhar e se relacionar.

Em casa, a fama de pai mandão, marido turrão, mãe ditadora ou esposa brava também é mostra de que o equilíbrio está em desuso ou, ainda pior, deixou de existir há anos.

Quem sonha alcançar conquistas pessoais ou profissionais deve se preocupar com o caminho das emoções, sem o qual a disposição física nada será. Assim, passo a passo, chegamos ao quesito realização e propósito, que compreende aqueles que têm um plano bem definido e sabem exatamente qual é o seu propósito de vida.

No mínimo, é desejável que se saiba em partes qual é esse propósito, visto que ninguém realiza nada sem um propósito definido. Deixei bem claro ao Joca:

— É você quem determina realização e propósito em sua vida, camarada. Eu sou só o mentor que ajuda a chegar lá. E mais, deve ter a certeza de que está cumprindo seu papel nesta vida, mesmo que em seu coração isso tenha outro nome; propósito, plano, meta e missão são palavras que pertencem ao mesmo caminho de desenvolvimento.

Joaquim sorriu e concordou, sentia-se entusiasmado a partir dessas abordagens que ainda desconhecia.

A ideia é encontrar nossa missão de vida e fazer com que as ações se conectem a ela. Responder algumas questões com a sinceridade que venho defendendo há de ajudar bastante.

Quão realizado(a) profissionalmente você se sente?

Muita gente passa décadas numa empresa se dizendo feliz e só quando a água bate no traseiro, ou seja, só quando fica amadurecida, experiente e sem opções, percebe que permaneceu tempo demais num lugar incompatível com a sua capacidade realizadora.

Até que ponto o seu propósito de vida e o seu propósito profissional convergem e são congruentes entre si?

Acreditar num mundo diferente e, por exemplo, ser vegetariano por opção, mas trabalhar num frigorífico pode não ser um problema, convenhamos, está longe de uma convergência de valores e propósitos.

Você acredita que o seu trabalho possui alguma relação com sua missão de vida?

Digamos que tenha a vontade de mudar o mundo, que sonhe em trabalhar com as crianças necessitadas da África ou ajudar projetos ambientais. Ao perceber que esta é a missão de vida, quanto mais próximo estiver de setores opostos, tais quais o corporativo ou o comércio, maior será a distância da felicidade, pois quem nasceu para trabalhar em ONG dificilmente é feliz em outro segmento.

Esta é a essência da engenharia de vida, realizar os sonhos pessoais e profissionais, no lugar de ser escravo do efeito "foi o que achei para trabalhar". Se assim aconteceu, não procurou corretamente!

Ao colocar o projeto de vida na mesa e pontuá-lo, considerando quanto o tem colocado em prática por meio das ações no trabalho e na vida, a nota inicial pode ser ruim, o que é bem natural. Com o tempo, no entanto, a nota deve aumentar ou a pessoa estará na contramão da felicidade, assistindo de camarote a sua engenharia de vida fracassar.

Sugeri a Joca que descansasse. Afinal, diante de muita solução e informação ao mesmo tempo, o cérebro tende a divagar a assimilação e ir mais devagar no rumo das mudanças. E dei a instrução de despedida dessa etapa de reflexões, que também serve ao leitor:

— Joca, o fosso para a construção do elevador transformacional estava pronto. Na concretagem seguinte, vamos dizer "sobe".

Ele sorriu, disse que curtia as metáforas da engenharia de vida...

CONCRE TAGEM

Concretagem 5
A LISTA DAS ÁREAS QUE EXIGEM ATENÇÃO

Assim que começamos a trabalhar na semana seguinte, Joca sacou uma pergunta.

— Patriota, anotei que trabalhamos as áreas saúde e disposição, desenvolvimento intelectual, equilíbrio emocional, realização e propósitos. Tem mais alguma que mereça atenção?

Fiquei contente ao perceber que Joca não perdia nada e o animei.

— Bem, levando em conta essa etapa da engenharia de vida, vamos lidar ainda com os recursos financeiros, sobre os quais já conversamos um pouco e avançaremos até os seguintes aspectos: contribuição social, família, relacionamento amoroso, vida social, criatividade, *hobby* e diversão, plenitude e espiritualidade. Juntando as questões que você anotou e já trabalhamos, além dessas sobre as quais vamos nos debruçar, temos a roda da vida, conceito trabalhado na área do processo de *coaching* sério, bem elaborado e maduro, que levou empresários, esportistas, jornalistas e profissionais de várias categorias ao êxito.

— Bora lá. Tô animado!

Era uma segunda-feira. Joca vinha de um final de semana de descanso, relaxado e pronto para a continuidade da engenharia de vida que decidira adotar. Partimos para os recursos financeiros e pude complementar as informações que havia compartilhado no início da obra.

A Joca e aos leitores, a reflexão pede espaço: é melhor dedicar atenção diária aos recursos financeiros do que experimentar noites insones, se preocupando com o que poderá fazer no dia seguinte para pagar tantas contas.

Vivemos em um mundo onde o dinheiro tem papel de protagonismo em quase todas as decisões. Para se ter dinheiro, é preciso trabalhar e bem (no caso dos funcionários, para não ser demitido, e no caso dos empresários, para não falir).

A relação, dessa forma, é direta: quem executa bem o trabalho é remunerado, e se a justiça for feita, o que normalmente acontece, quem melhor trabalha alcança mais recursos.

Uma reflexão simples indica que estamos no caminho certo. Saber como se sente em relação ao valor recebido pelo trabalho, avaliar se é justo, se é capaz de dizer que tem sido reconhecido por clientes ou empregadores, é meio caminho percorrido.

A outra metade demanda avaliar o aspecto financeiro e responder, para si, se tem sido monetariamente valorizado. É a típica satisfação que resulta em qualidade, pois uma vez insatisfeito com o que recebe por seus préstimos, não há ser humano que trabalhe feliz e dê o máximo de si.

Em seguida, precisamos lidar com o exercício da cidadania e avaliar o que se tem feito no quesito contribuição social. Pensar nos outros, especialmente os menos afortunados, representa um papel significativo na carreira e na vida como um todo. Saber que o trabalho realizado interfere positivamente na vida social das outras pessoas é gratificante e motivacional. Neste ponto dos argumentos, Joaquim levantou uma questão.

— As organizações para as quais sou doador de recursos contam?

Respondi a ele o que vou partilhar com o leitor. Perceba que não me refiro ao apoio financeiro às causas, instituições e até mesmo alguém especial. Isso também é altruísta, mas o que interessa ao futuro empreendedor marcado por uma vida construída por boa engenharia é outra coisa: até que ponto o nosso trabalho impacta, direta ou indiretamente, e de alguma maneira, a vida de outras pessoas.

Conseguir enxergar o papel que executa na grande engrenagem do mundo equivale a acreditar, além da rotina ou da pressão, naquilo que faz como realização, propósito e missão de vida. De alguma maneira, isso vai gerar mais recursos financeiros (perceba que as áreas vão se associando).

Enquanto tudo isso acontece, que se invista tempo para pensar na família. Um dia, o ser humano não passava de um bebezinho frágil, inocente e indefeso, sem história ou repertório. Alguém teve que ensinar os primeiros passos. Talvez (ou provavelmente) mais de uma pessoa exercera esse papel. Os familiares, que provavelmente seguem ao nosso lado enquanto existirmos, têm papel crucial na formação dos valores, caráter e escolhas.

Um dos maiores erros do empreendedor é virar as costas para essa formação inicial e achar que sabe de tudo, que se basta. Ninguém seria quem é hoje não fosse a influência e os ensinamentos daqueles que vieram antes.

Numa engenharia de vida, isso vale tanto para as coisas boas quanto para as ruins, com a diferença de que devemos perdoar as lições ruins ensinadas, pensando que essas pessoas só nos deram o que tinham a dar, com suas limitações de época ou do que aprenderam através dos pais e educadores. No mesmo passo, precisamos avaliar as forças positivas que constam em nosso DNA e que se fortaleceram a partir da educação familiar.

— Quanta coisa hein, Patriota? E eu achando que o básico da vida era acordar, trabalhar ao máximo e descansar o mínimo.

— Que nada, Joca. A nossa vida é uma caixa repleta de áreas e se não dermos atenção a cada uma delas, ficam expostas ao acaso.

A próxima área que merece um olhar carinhoso é o relacionamento amoroso. É preciso amar como se não houvesse amanhã, já diziam os poetas e músicos. Estabelecer um relacionamento amoroso, desenvolver relação e ter uma vida a dois dizem muito sobre nós. Às vezes, não nos damos conta de determinados comportamentos, até que outra pessoa possa perceber e nos apontar. Se temos a capacidade de ouvir o *feedback* de quem amamos, aceitar a crítica e melhorar, significa que também teremos a facilidade de ouvir o *feedback* do cliente, do líder, da vida.

"Muita gente, embora socialmente bem-sucedida, não sabe o que é amor próprio. Em contraponto, quem sabe amar a outra pessoa é capaz de se amar, pois ninguém pode dar o que não tem."

Isso não significa que seja a mesma coisa, porém indica que, ao amar, abrimos as portas do amor próprio e nos alimentamos da felicidade que depende, em certa medida, da capacidade de amar.

Noves fora, em seguida vem a vida social e tem gente que não dá a menor bola para esse aspecto de suma relevância. Joca era um desses. Assim que entramos no assunto, se arrumou na cadeira.

— Patriota, vou falar a verdade. Não sou muito de sair.

Expliquei algo a Joaquim que vale ser compartilhado. Muita gente associa vida social à balada, noitada. Diferentemente disso, o comportamento perante a sociedade tem facetas mais importantes, como o papel de influência exercida sobre outras pessoas no dia a dia, desde o convívio com vizinhos e colegas de trabalho à relação com estranhos ou prestadores de serviço de um modo geral.

O jeito que lidamos com as pessoas que nos servem em diferentes escalas também é determinante, pois recebemos de volta aquilo que oferecemos. Se temos só mágoa e rancor para tratar o colega da mesa ao lado, a vida fará o seu efeito-reflexo e mandará de volta os mesmos resultados. Como se lida com o gari, o frentista, a senhora que serve o café ou o rapaz atendente de *telemarketing* (que tem fama de chato e, no fundo, só faz o seu trabalho) diz quem somos do ponto de vista antropológico, social.

A vida social é a combinação de todas as relações com outras pessoas, próximas ou distantes, de convívio cotidiano ou esporádico, o que inclui até aquela que encontramos no elevador e, talvez, nunca mais veremos por toda a vida.

Demais disso, o que fazemos com os compromissos sociais impostos pela sociedade mostra parte do resultado em relação ao êxito em outras áreas. Em suma, participar da vida em sociedade está muito além de enxergar festas e frivolidades.

— Na área de negócios, posso levar em conta esse raciocínio ou o correto é ser estritamente profissional? – indagou Joaquim, interessado pela nova perspectiva. A resposta que dei a ele põe um ponto final nesta despretensiosa análise.

— Joca, a relação com clientes, colegas, parceiros, fornecedores e aliados está longe de ser vivenciada só à luz do profissionalismo. É impossível passar duas horas com alguém discutindo negócios. A política, as crenças, os *hobbies*, os esportes e as afinidades em geral; tudo isso acaba entrando no pacote do relacionamento porque o ser humano contemporâneo não aceita mais viver e respirar negócios. Vivemos tempos em que a qualidade de vida é valorizada, o que nos faz transcender os relacionamentos sociais e gera, a todo instante, interesse empático por aquilo que o outro gosta e admira. Agindo assim, os negócios caminharão bem e pode ter certeza: gente que trata o cliente com a frieza 100% profissional é considerada chata. Prova disso se vê quando ouvimos alguém dizer: "Eu compro daquela empresa porque o produto é bom, mas se dependesse do Fulano que me atende, eu passaria bem longe".

Joaquim concordou e passou a ver a vida social com outros olhos. Surge, então, outra área que implora atenção e não recebe: criatividade, *hobby* e diversão. Quando perguntei a Joaquim como interpretava a qualidade desse aspecto, percebi que ele tinha noção próxima do significado.

— Pra mim, é a capacidade de inventar, produzir algo novo ou incrementar o que já existe. É isso mesmo?

A curta análise de meu cliente se mostra correta. Criatividade todos temos, alguns mais, outros menos desenvolvida. É justo dizer que os mais criativos estão à frente, especialmente no mérito da profissão. Assustado me vi quando perguntei a Joaquim como ele via o *hobby* e se alimentava algum. A opinião inicial dele está longe de ser exceção. Muita gente pensa assim.

— Pra mim, é coisa de preguiçoso ou egoísta. O preguiçoso inventa *hobby* pra trabalhar menos e o egoísta procura passatempo pessoal e deixa de lado a família.

Juntos, eu e Joaquim levamos meses para dar um novo significado a essa crença tão arcaica, que limitava os resultados dele. Não se trata de preguiça, egoísmo ou qualquer termo pejorativo. Ter um *hobby* não quer dizer que seja atividade fútil. Funciona como uma válvula de escape para gerenciar o estresse do dia a dia e, muitas vezes, pode ajudar a estimular a criatividade.

Joaquim acabou descobrindo e cultivando o saudável *hobby* de jogar futebol, esporte que havia abandonado sob o pretexto de "não ter tempo para bobagens". Tornou-se presença garantida nas peladas de várzea com os amigos, que há muito o convidavam, aprendeu a organizar e ocupar seu curto tempo de ócio, sem culpa ou rótulos, para se divertir e investir na alegria de viver.

Todos nós temos o direito de usar a bússola do entretenimento nas horas vagas, pois do qual também depende a felicidade.

Os anos 80 e 90 adoeceram multidões precocemente, principalmente os que se orgulhavam de jamais se divertir ou tirar férias, que não viam os filhos crescerem e só encontravam amigos em velórios.

> "Não há mais espaço para viver e respirar trabalho.
> Se o workaholic insistir na mínima qualidade de
> vida que adota, em vez de somente
> socializar durante o velório de alguém,
> pode ser velado também."

Joaquim não se conteve diante de minha alegação.

— Forte isso, Patriota!

— Nem por isso deixa de ser verdadeiro, Joca.

A plenitude pode ser resumida pela inteireza, por sentir-se bem em todas as áreas. Não uma totalidade física ou mensurável, mas sim aquela boa sensação de estar e ser quem deveria estar e ser feliz, uma espécie de saciedade espiritual, um estado de luz em que se decide ser feliz incondicionalmente, sem se curvar aos eventos negativos do cotidiano. É simplesmente o prazer de viver "de bem com a vida".

— Vou ser sincero, Patriota. Isso me parece fantasioso demais – disse Joaquim, na primeira vez que conversamos a respeito do tema.

Mais um sopro de tempo depois, Joca realizou um velho sonho e mudou de ideia. E outra vez, ele não está sozinho. Vivemos tanta pressão corporativa e financeira, que os anseios menos palpáveis ficam relegados ao esquecimento.

É tão fácil realizar sonhos sem pensar em plenitude quanto seria para o marinheiro de embarcação à vela atravessar o oceano sem bússola e sem vento.

Concluindo, a plenitude não pode ser o acessório de uma minoria. Todos têm o direito de encontrar os merecidos resultados que geram a "felicidade inteira".

Trilhando o caminho da engenharia de vida, eu e Joca alcançamos a discussão da espiritualidade.

— Agora, você entrou num tema complicado pra mim, Patriota. Não sou nada religioso! – queixou-se nosso personagem.

— Aí é que se engana, Joca. Você não precisa ser religioso para se identificar uma pessoa espiritualizada. A espiritualidade transcende a religião, resulta na vida além da materialidade. Portanto, é um tema que não guarda relação direta com a religiosidade, assunto que exige uma presença mais ativa.

Assim argumentado, Joca flexibilizou sua crença. A espiritualidade é o reconhecimento da existência que tem sentido em si, além de estar conectada a tudo, sob a forma de transcendência. Ou seja, o sentido é construído para transpassar o momento e facilitar um elevado estado de consciência, como se fosse possível alcançar outra dimensão sem sair do lugar.

Por último, a pontuação que trouxe a crítica de Joca.

— Patriota, me desculpe. O que eu penso, falo.

— Pode falar.

— Não vá me dizer que toda esta reflexão pretendia chegar à pontuação de uma roda da vida. Isso me parece já meio batido. Já vi na *internet*!

Tratei de acalmar os ânimos.

— Sim, tudo está na *internet*. O fato de você ter visto não torna o recurso melhor ou pior. Eu sei que muita gente usou a roda da vida como se fosse simples e banal. No entanto, é um recurso que apliquei em mim, em clientes, amigos e familiares. Todos encontraram resultados positivos porque uma vez realizada da maneira correta, por meio da sinceridade total, se transforma num recurso à prova de falhas.

— E essa multidão de *coaches* que parece pensar que o segredo da vida é a roda da vida? – insistiu Joaquim.

— Eu não diria que a multidão está totalmente errada. Uma pequena porção do segredo de se viver com felicidade e longevidade consiste em entender o que estamos fazendo em cada área durante o cotidiano. A roda da vida está para a nossa existência como as checagens estão para o andamento de uma obra, na engenharia. Sem avaliar os passos em cada setor, o engenheiro perde o rumo, os operários perdem o prumo, prazos se atropelam e o projeto se inviabiliza. Por isso, batizei como engenharia de vida o trabalho de conhecer os detalhes de se viver.

— O.K. Você me convenceu. Como devo fazer?

Compartilhei com Joaquim a maneira ideal de se fazer uma roda da vida. Cada tema avaliado durante essa breve etapa da engenharia de vida precisa de uma nota franca. Pensando em tudo o que acaba de apreciar, o leitor deve definir uma nota segundo a atual conjuntura de vida, independentemente das circunstâncias ou dos resultados até aqui obtidos, sem o constrangimento de dar-se notas baixas em alguns setores. Seja qual for a verdade, deve surgir na roda da vida, seja fel ou mel.

Após avaliar os assuntos de cada área, o próximo rumo exige fazer hachuras (traçado de linhas finas, paralelas e muito próximas umas das outras, que se utiliza em desenho ou gravura, para produzir efeito de sombra ou meio-tom) no gráfico.

O desenho final obtido simboliza um panorama holístico atual e, quase sempre, causa surpresa, dado o tamanho do choque emocional, em geral maior do que a percepção racional.

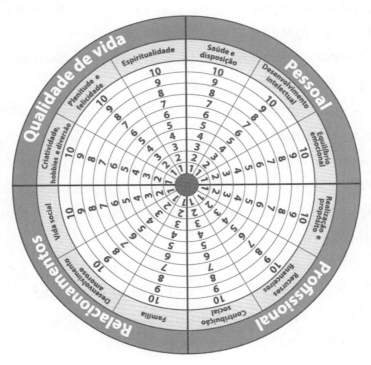

Joca experimentou e fez as hachuras no gráfico de acordo com suas percepções. Em seguida, tivemos uma conversa que, sugiro, o leitor tenha consigo, de si para si, de modo que faça as perguntas e se municie das respostas.

— Joaquim, observe atentamente o desenho irregular e reflita. Sobre essa área da roda da vida que recebeu a maior nota, o que significa a você?

Todo orgulhoso, meu cliente inflou o peito e respondeu.

— É motivo de satisfação para mim.

— E qual o seu entendimento acerca dessa nota?

— Tenho me esforçado desde a adolescência no campo "realização e propósitos". Nada melhor do que a chance de confirmar que o esforço deu resultado.

Percebi o momento de fazê-lo refletir e apontei o óbvio que Joaquim não enxergara.

— Você imputou péssimas notas para o estado em que se encontram as áreas "família, desenvolvimento amoroso e vida social". Já se perguntou que preço os temas "realização e propósitos" têm exigido de você?

Um longo silêncio de aproximadamente trinta segundos se estabeleceu.

— Faz sentido – admitiu o cliente.

— E já se perguntou o que, como e quando poderia fazer para gerar maior equilíbrio, sem causar qualquer dano no campo de realizações e propósitos?

Foi necessário um bocado de trabalho, mas identificamos juntos os ladrões do tempo de Joca, as procrastinações e crenças prejudiciais. Providenciamos as correções de curso, para que ele pudesse ser feliz enquanto conquistava os propósitos e as realizações.

> "É um terrível engano supor que se deve conquistar tudo a qualquer preço. Não tarda e a vida cobra a conta por meio da saúde comprometida, da frustração de não ter tempo para fazer o que gosta ou de outras áreas que se tornam deficitárias assim que superestimamos a necessidade de vencer numa delas, em detrimento das demais."

Os questionamentos, as respostas e a repetição do exercício permitem rever prioridades e fazer um plano de metas em todas as áreas, para conquistar o mais satisfatório equilíbrio em relação ao futuro.

Repetir a prática recorrente dessas perguntas e respostas específicas se equipara a manter um constante diagnóstico. Mais ainda, é a certeza de acompanhar o papel da razão e da emoção em cada decisão da vida. É o poder de comandar a existência e fechar a porta para o acaso. Enfim, é a engenharia de vida funcionando à luz do exercício prático de quem sabe o que, como, "pra que" e quando quer.

Apesar de todas as áreas da vida serem importantes, uma óbvia hierarquia interconectada proporciona alto desempenho nas realizações. Por exemplo, sem saúde física, ninguém tem energia ou vitalidade e, por isso, compromete-se a qualidade de vida, sendo que todo o dinheiro e sucesso da carreira não terão valor.

Sem equilíbrio emocional, perde-se tempo na tentativa de solucionar problemas de relacionamento, o que resulta nas dificuldades de enfrentar os desafios da vida. Sucessivamente, se repete nas demais áreas e sem exceção, cada uma merece incansáveis esforços em atenção, sondagem e ação.

Joaquim entendeu, aprovou e se apaixonou pela constante e bem executada revisão na roda da vida, exercício que, até a primeira edição da obra, ele continuava a praticar, vez e outra me enviando a imagem de suas hachuras, cada vez mais bem pontuadas. Faço votos que você obtenha o mesmo êxito durante essa etapa, pois já estamos próximos para a concretagem da segunda coluna...

CONCRE TAGEM

Concretagem 6
A CONJUNTURA QUE DESEJAMOS PARA A VIDA

Chegou a hora de concretar a segunda coluna que nos levará à conjuntura desejada.

A essa altura, Joaquim sabia onde estava, com a máxima clareza de sua conjuntura atual. Reconheceu que não se sentia pleno, que não vivia onde e como um dia sonhara. Decidiu que chegava a hora da mudança e se permitiu partir em busca das conquistas, munido da premissa de que "tarde" é só um advérbio de tempo e, por sinal, sem graça nenhuma.

— Pense comigo, Joaquim. Ninguém gosta de estar feliz em determinado lugar e descobrir que "ficou tarde". Também não conheço patrão que se sinta feliz por ter funcionários que só chegam tarde e, para fechar os exemplos, até o sol parece que fica meio abatido por reparar que ficou tarde e precisa recolher seu brilho.

Então, respectivamente nos três exemplos, basta voltar a fazer aquilo que trazia felicidade, contratar pessoas mais pontuais e sobre o sol, é só nascer de novo. É disso que precisamos. No lugar de sair dizendo por aí que é tarde pra isso e aquilo, a boa engenharia de vida é aquela que faz o engenheiro, ou seja, todo ser vivente, pensar que basta nascer de novo.

Todo dia acordamos como o sol, com a chance de brilhar, mesmo sabendo que poderá ser subjugado pelas nuvens de tempestade e pelas trevas da noite que, em nosso caso, se traduz pelas dificuldades e pela crença de que "é tarde".

Joaquim gostou. A cada avanço da engenharia de vida, se revelava mais animado.

— Poxa, Patriota, tô adorando. Você tem um jeito de enxergar a tal engenharia de vida que facilita meu aprendizado. Bora lá, qual é o próximo passo?

Eu me sentia feliz com os avanços de meu cliente que, a essa altura, já era um amigo querido. Partimos para as reflexões capazes de gerar mais movimento: o que se deseja ter, onde e como gostaria de estar a essa altura da vida, nos próximos cinco anos e, ainda mais audaciosos, em uma década. Como, por que, onde e quando se deseja ter o objeto de desejo. E, por último, o que fazer, a quem recorrer, a quais recursos internos (emoções) e externos (cursos/bagagem acadêmica/informação extracurricular)?

É um pequeno conjunto, um microuniverso de perguntas cujas respostas, em geral, não se busca.

Vejo gente que condena a eficácia do processo de *coaching*. Por experiência, tenho percebido que os mais ferrenhos críticos se dividem em três grupos:

1. **O que conheceu a matéria de maneira rasa;**

2. **O que conheceu o processo de *coaching* por meio de um *coach* que conhecia o tema, mas desconhecia a vida e, por isso, pouco tinha a acrescentar e oferecer;**

3. **O que critica sem jamais ter respondido essas e outras perguntas-chave.**

A ojeriza ao processo de *coaching*, como podemos perceber, pode e deve ser vencida pela engenharia de vida. O que todos queremos é a construção de uma existência plena, que encha de orgulho os nossos netos.

— Joca, resolver problema é uma atividade que sintetiza a importância da engenharia. Você sabe como os engenheiros usam seus conhecimentos para resolver os problemas da sociedade?

Joca se ajeitou na cadeira e eu disse orgulhosamente:

— Joca, o bom engenheiro sabe que o caminho não

é falar de problema, mas sim com o problema. Para isso, é saber formular boas perguntas... E construir respostas. Boas perguntas normalmente são mais poderosas do que as respostas. O mundo é de quem sabe perguntar. É assim mesmo que o processo de *coaching* funciona, formado por um processo de engenharia, que visa a construção de uma ponte necessária para vencer a lacuna existente entre o estado atual e o estado desejado das pessoas que não têm conseguido realizar sonhos.

— As ferramentas utilizadas se sustentam através de perguntas simples, porém poderosas. As boas perguntas desafiam o seu pensamento e abrem portas fechadas, Joca. Afinal, o que não te desafia não te transforma, não faz você mudar.

Sem investigar a resposta para as perguntas que valem o prêmio de uma existência feliz, seremos tão eficientes quanto o médico que precisa tratar o paciente sem acessar seus exames.

Proponho que o leitor faça as pazes com o processo de *coaching*, porque o problema não é a técnica ou os recursos da metodologia, mas o eventual uso inadequado de um tema que tem sido a virada de chave na vida de renomados atletas, jornalistas, médicos, artistas, executivos, empresários e formadores de opinião em geral. Se essas pessoas conquistaram fortuna e felicidade e usaram o *coaching* como ferramenta e metodologia, por que não faríamos isso?

Precisei partilhar esses pensamentos com Joca, que andou lendo e vendo críticas ao processo. A engenharia de vida não se sustenta exclusivamente no processo de *coaching*, porém dizer não ao *coaching* sem pesquisá-lo a fundo é o mesmo que recusar uma preciosa ajuda enquanto se afoga.

Tudo o que alguém deseja para a vida tem por base os desejos e isso faz da investigação "o que" uma espécie de visão para a vida.

A convicção clara de querer uma vida de sucesso é o passo mais importante na caminhada de quem almeja esse destino de sucesso. Isso porque quem está convicto e viu o seu querer transitar dos recônditos da inconsciência até a porção consciente cria um tipo de carapaça capaz de resistir aos tantos "nãos" que virão pela longa jornada.

Percebendo Joca pensativo, perguntei:

— Há alguma questão que ainda não abordei, que você acredita ser importante neste momento?

— Sim, Patriota. Você podia me explicar o que é sucesso?

— Não só posso, Joca, mas acho importante a gente refletir um pouco sobre o que é sucesso. Existem, em nossa literatura, muitos conceitos e definições. O conceito vai no sentido de apresentar uma concepção, uma ideia do que seja sucesso. E a definição, no sentido de explicar, tornar mais claro o que é sucesso. Encontrei o melhor conceito/definição no livro *A jornada do sucesso*, do conferencista, escritor e um dos principais especialistas em liderança do mundo, John C. Maxwell. Segundo ele, o sucesso é uma jornada, uma caminhada que devemos trilhar durante toda a vida. E a chave do sucesso está em: "Conhecer o propósito de sua vida e descobrir os próprios sonhos; buscar o crescimento visando a atingir o potencial máximo e lançar as sementes para que outros também possam beneficiar-se". Ou seja, o segredo para alcançar o sucesso é colocar o propósito no centro da estratégia de sua vida, Joca. Todos nós nascemos com apenas um propósito. Ele é o mesmo para a vida pessoal e a profissional. O desafio consiste em descobrirmos qual é o nosso. Você tem de saber qual é o seu propósito. Foi para isso que você nasceu. E a sua jornada rumo ao sucesso começa quando descobrir o propósito.

— Agora, você pegou pesado, Patriota. Como descobrir o meu propósito?

— Joca, tudo passa pela mente. O propósito está ligado ao futuro. E futuro tem a ver com visão e imaginação. Visão é uma função da mente e diz respeito ao que vai acontecer no futuro, bem diferente de vista. Vista é a função dos olhos e vê o que está acontecendo agora. A visão liberta para o futuro e a vista prende ao presente. Dessa forma, podemos entender que o maior inimigo da visão de futuro pode ser a vista, a depender de um fato: "para onde" está olhando. A decisão de ficar olhando só para a crise e as más notícias do dia a dia, como desemprego, dívidas, empresas falindo, violência e todo formato de desgraça, vai desanimar e entristecer, colocar pra baixo e deprimir. A visão, te leva pra cima e eleva a autoestima. Albert Einstein, físico teórico alemão que desenvolveu a teoria da relatividade geral, um dos pilares da física moderna ao lado da mecânica quântica, nos ensina: "A imaginação é mais importante que o conhecimento. O conhecimento é limitado. A imaginação circunda o mundo". A grande sacada é que a imaginação é gratuita. Adiante, vou revelar como você pode encontrar seu propósito e como encontrei o meu. Vai dar tudo certo!

> **"Vislumbrar um futuro brilhante que traga satisfação financeira, emocional, humana e existencial é o início da transformação de sonho em realidade, da utopia à verdade."**

Não é só uma opinião minha. Todos os grandes estadistas, homens e mulheres de negócios que marcaram época apresentavam a comum habilidade de enxergar o sonho no pensamento antes de partir para as primeiras ações.

O cérebro é o órgão que move o corpo, que enfrenta o vai e vem dos hormônios que estabelecem o estado de espírito, que rege as emoções, enfrenta as crenças que limitam e gera as crenças que fortalecem.

Por tantas ações, o cérebro é como um matemático: sem números, dados, estatísticas e informações detalhadas, nada pode ser calculado. Daí a necessidade de ter os sonhos elencados e pormenorizados, de saber o que deseja, para que o cérebro possa quantificar e mover – tanto o corpo como o esforço emocional – até alcançar.

Durante essa aula da mentoria, após explicar tantas questões, fiz a Joaquim a pergunta que não quer e nem deve se calar.

— Você saberia dizer qual é a simples razão pela qual as pessoas não conseguem alcançar o que desejam?

Joca pensou um bocado e resolveu arriscar.

— Olha, Patriota, vou tomar por base os meus funcionários. Será que falta disciplina e coragem?

— Quem dera fosse algo complexo assim, Joaquim. Disciplina e qualidade exigem uma privação aqui e ali, mas se adquire com treinamento. Ter coragem, na mesma linha, não é algo elementar, nem vem de berço. A coragem exige o que é mais difícil: abandonar os fantasmas mais presentes entre nós, como medo de fracassar, se frustrar, de não ser aceito, não pertencer, conseguir, sofrer, morrer.

No entanto, o que faz a maioria não realizar os sonhos é mais simples do que se possa imaginar. Acredite, algumas pessoas simplesmente não sabem o que querem.

— Caramba, é mesmo um troço mais simples do que eu pensava. Eu não realizei, mas imagino que sei o que desejo! – disparou Joaquim, noutro compreensível acesso de espontaneidade.

— A maioria não consegue relacionar seus desejos ou medi-los em níveis que amparem prioridade, intensidade e grau de dificuldade.

— Seriam errantes na condução da vida?

— Ao contrário, Joca. Não se engane, pensando que essas pessoas vagam pelo mundo como andarilhos sem ambição. Elas sabem que uma vida de felicidade e plenitude é maravilhosa, mas não têm ideia do que as faria felizes e plenas.

— Patriota, seja sincero. Você acha que sou uma dessas pessoas?

— Atire a primeira pedra quem nunca passou por isso, Joca. Acho que todo mundo, inclusive eu e você, cedo ou tarde, dá uma desconectada dos sonhos para priorizar rotinas produtivas ou improdutivas. O ideal é ser capaz de retomar o controle logo após essas distrações, ser capaz de reapresentar para si os maiores sonhos da esfera pessoal e da carreira, listar os mais urgentes e colocá-los em escala, partindo do que está mais próximo até o mais distante.

Sem perder tempo, Joaquim deixou a aula daquele dia com uma tarefa. Preencher com franqueza e sempre a lacuna que separa uma vida simples de uma existência feliz.

Meus maiores sonhos profissionais:

_____

_____

_____

_____

_____

Meus maiores sonhos pessoais:

_____

_____

_____

_____

_____

Isso aconteceu numa sexta-feira. Orientei Joca a conversar com a família, se possível, depois que tivesse listado os sonhos.

É positivo compartilhar os sonhos com aqueles que nos amam, pessoas que podem ajudar a romper barreiras e retirar obstáculos. No entanto, isso não significa que a responsabilidade pelos sonhos deva ser terceirizada. Quer dizer apenas que essas pessoas estão aptas a ajudar, com uma coisinha, um gesto, uma palavra de apoio, uma pequena ação, uma força para um desembaraço ou só um fraternal abraço.

O nosso próximo encontro aconteceu na terça-feira seguinte. Joaquim tinha em mãos a lista que, nas palavras dele, foi a mais difícil que já fizera e, em paralelo, a que mais trouxe felicidade depois de pronta.

O nascer do sol daquele dia trouxe uma perspectiva inédita para o cliente, que passou a ver os sonhos como elementos que não podem e nem devem ser abandonados, esquecidos ou eternamente adiados.

É assim que se exerce a boa engenharia de vida, enxergando nos sonhos o combustível para se cumprir a longa estrada que virá, os exaustivos obstáculos que surgirão.

Nessa analogia do combustível, a qualidade é fundamental. O carro da vida pode ser abastecido com amargura ou sonhos. De ambas as maneiras, vai funcionar porque sonhos e amargura são, respectivamente, gasolina aditivada e gasolina batizada; o carro entra em movimento, mas o motor, ou seja, a vida, vai pagar o preço de longo prazo.

Com a lista dos sonhos em mãos, Joaquim estava mais confiante para os objetivos que agora se mostravam claros e positivos, bem diferente dos tempos em que os seus sonhos pareciam distantes ou impossíveis.

Praticando a engenharia de vida, aprendi uma questão crucial a todo ser humano: quando a gente sabe o que quer, aumenta-se a condição de poder, que nada mais é do que a capacidade de agir.

Não fomos criados para uma vida de desleixo e indiferença, negligência ou procrastinação. Nossa natureza é vencer e prova disso são os formatos de inteligência racional, espiritual, instintiva e emocional.

— Como poderia um ser dotado de tanta inteligência ver-se privado de prosperidade?

Foi a pergunta que fiz a Joaquim, que concordou outra vez. Os obstáculos da vida são problemas que bloqueiam ou desafios que elevam. Nunca surgirão com um rótulo que os separe. Quem coloca essa etiqueta é o ser humano, pois toda vitória deriva de degraus que a maioria não quer pagar o preço de galgá-los.

> "O mundo está de olho naqueles que dão a cara a tapa e, por isso, quem se esconde no quarto escuro da rotina e torce para que algo de bom aconteça não pode dizer que o mundo, a sorte ou o destino tem fechado as portas."

Como um relógio suíço, as fases lunares voltam ao mesmo lugar a cada trinta dias, voltam sem que a gente se mova. Cabe pensar que o "bom da vida" não pode ser confundido com o "boa-vida". O primeiro procura e se movimenta para encontrar o que há de melhor, e o segundo quer o melhor sem o desconforto de procurar ou se mover.

"Desde o tempo em que desbravadores cruzaram oceanos até a era em que a internet cruza oceanos sem lançar sequer uma nau ao mar, tudo o que é bom na vida exige perseguição e conquista."

— Faz sentido – disse Joaquim, o que me fez endereçar uma pergunta.

— Basta investigar a memória e verá que faz sentido mesmo. Tente se lembrar quantas coisas memoráveis conquistou só por deixar e esperar que acontecessem.

Joca ficou um longo tempo refletindo e não ousei interrompê-lo. Sua resposta foi a mais previsível que se possa imaginar.

— Admito que nada!

No mundo da música e das artes, pode ser até divertido deixar a vida nos levar, como sugere a gostosa canção do sambista Zeca Pagodinho. Na vida real, essa condição gera atraso. Deixar a vida nos levar é sinônimo claro de estagnação, imprudência, frustração e incapacidade de realização.

— Se fôssemos comparar de maneira prática, como seria, Patriota?

Foi a minha vez de pensar na pergunta de Joaquim e, assim que encontrei a resposta, ofereci a ele e compartilho com o leitor.

— Numa analogia cinematográfica, Joca, grandes empresas só conseguiram se tornar gigantes porque cada filme teve um protagonista que marcou época. Isso nos leva a cinco perguntas: 1) A sua vida merece um protagonista que marque época? 2) Se o protagonista não é você, quem está no comando de sua existência? 3) O ator poderia concorrer ao Oscar ou seria destroçado pela crítica? 4) O ator seria lembrado por muito tempo, pelo papel que viveu, ou seria esquecido rapidamente? 5) As conquistas diárias do ator teriam contribuído para o desenvolvimento de outras pessoas?

É o que se deve desejar para a vida; sonhos com protagonismo, ações inesquecíveis, conquistas que agregam e nos enchem de orgulho.

A engenharia de vida oferece essa contemplação abrangente, que é bem diferente do tal "certo e errado" sobre os quais as pessoas trocam farpas e se tornam inimigas. A vida é resultante das escolhas e certo ou errado são conceitos que o ser humano inventou para mascarar a frustração advinda das ações que precisavam do máximo esforço e receberam o mínimo.

Não importa se optamos por A, B ou nada escolher. Necessário é saber quão impossível é traçar avanços na vida sem objetivos a atingir. Um avião não decola sem um lugar de destino, um plano de voo. Um navio não liga os motores sem que as cartas e a meteorologia sejam consultadas.

— Mas avião e navio são exemplos gigantes.

A alegação de Joaquim foi justa e coube resposta.

— São mesmo grandiosos, Joaquim, porém meras invenções tecnológicas. Proponho reduzir o exemplo. As fêmeas da fauna não aceitam o macho sem a certeza de que os filhotes serão fortes o suficiente para que a espécie se perpetue. Semelhante comportamento se observa entre a maioria dos seres dotados somente da inteligência instintiva, o que não é o caso de nossa espécie. Agora, mudando de pato para ganso e pensando especificamente nas demandas profissionais, todo ser humano merece analisar a conjuntura atual, o que facilita chegar ao ponto ideal, até a conjuntura de destino.

— Vai me desculpar, Patriota, mas falar é fácil. Como se pode fazer isso?

Percebi que Joaquim começava a dar sinais de impaciência e respondi de uma maneira que colocasse fim ao seu repentino azedume.

— É preciso se conhecer, Joca, saber o que faz de melhor, decidir entre ser o dono do negócio ou trabalhar para uma empresa, atuar como servidor público ou filiar-se a uma ONG. Definida a escolha, que se clarifique as metas de curto, médio e longo prazos, que se saiba aonde deseja chegar, aos detalhes da conjuntura desejada.

A Joaquim e cada um de nós, a verdade é uma só. A busca pelo conhecimento e a manifestação explícita de desejar uma vida de sucesso através de um projeto pessoal bem elaborado e consistente demandam passos que traduzem de maneira incontestável as atitudes necessárias para mentalizar que querer é poder, até alcançar o que se deseja.

Dadas as reflexões, sugeri a Joca que descansasse um pouco. Prometi voltar na semana seguinte. Estávamos prontos para concretar mais uma fortalecida coluna.

CONCRE TAGEM 7

Concretagem 7
A DROGA FANTASIOSA QUE VICIA E IMPEDE OS SONHOS

Joaquim sabia a conjuntura em que se encontrava e aonde queria chegar. Restava a indiscutível necessidade de descobrir as suas motivações, as maiores aspirações para realizar sonhos definidos e anotados.

A vida em sociedade não é, jamais será fácil. Na medida em que se apresentam as demandas urgentes do cotidiano, que envolve relacionamentos pessoais e profissionais, de forma natural os questionamentos que envolvem a arte de sonhar perdem protagonismo.

Como as paredes de um edifício, se o engenheiro estiver ansioso demais para vê-las erguidas, se esquecerá de detalhes que comprometerão a obra.

— É possível explicar ou exemplificar? – pediu Joaquim, naquele dia frio em que mais uma aula da mentoria era compartilhada.

— Vou exemplificar, Joca. É raro encontrar quem faça o constante exercício de valorar e discernir o peso de cada sonho, algo que precisa ocorrer. Uma pergunta estratégica faz o exercício ficar mais fácil. Por que e para que desejar esse determinado sonho, em detrimento de outro sonho que até um dia talvez estivesse passeando pela mente?

> **"Para o resultado concreto, definir por que o objeto do desejo é importante se mostra um exercício tão positivo quanto a ação em si."**

— E o objetivo da análise é descartar sonhos menos importantes?

— Não necessariamente, Joca. O objetivo é investigar prioridades. Ter uma casa maior, muitas vezes, reflete um sonho por trás do sonho. Vi casos em que a pessoa descobriu uma informação importantíssima em seu inconsciente e trouxe a informação ao consciente: a origem do desejo de ter a casa maior não se concentrava em obter maior espaço ou conforto. No fundo, o sonho real era ter mais um filho e aumentar a família. Assim é o cérebro, um engenheiro da vida que trabalha em favor dos desejos escondidos.

— O que eu ganho com o sonho, seria isso?

— A compreensão deve ser maior que o ganho. O cérebro associa ganhos a dinheiro, então é prudente que se pense em benefícios (acima dos ganhos), que se identifique "para que" a sua vida precisa disso. Por exemplo, o sonho de um carro novo pode indicar o sonho por trás do sonho, que é viajar mais ao lado da família, com maior conforto e segurança.

A Joaquim e ao leitor, quero dizer que, como se faz perceber, o querer está associado aos sonhos e, nem por isso, sonhos podem ser meros frutos de um querer sem ponderação, desmedidos, frívolos ou rasos.

Sonho é algo que se refere ao plano do ser. Sonhar é se permitir avançar obstinadamente a uma nova conjuntura de vida, sem se preocupar com os obstáculos, as dores e as pessoas que se mostram contrárias.

> **"Se os sonhos justificam a beleza de existir e são o combustível do bom-viver, ter qualquer sonho é como ter uma vida qualquer."**

Gosto de pensar que o produto final na vida de qualquer pessoa é alcançar o estágio em que possa dizer: "sou quem sonhei ser". Por isso, disse a Joaquim que não se trata só de pensar "o que ganho com isso". É necessário refletir "o benefício-macro". Por exemplo, se a compra de uma esteira ergométrica não reflete o sonho de alcançar boa condição física e energia para realizar os empreendimentos – benefício macro, já que bem fisicamente somos capazes de atuar com excelência em todas as áreas –, a esteira adquirida vai se transformar em cabideiro.

A batalha diária da engenharia de vida visa descobrir como conviver em harmonia consigo, o que leva ao autoconhecimento. Não é tarefa fácil descobrir coisas grandes. Estamos acostumados a expedientes menores, fatiando esforços; onde trabalhamos, com quem nos relacionamos, como gostamos de nos vestir e o que fazemos no dia a dia. Pode ser até assustador descobrir quem somos por essência, identificar qual é o nosso papel nesse mundo enorme, como podemos contribuir com os que amamos e com a esfera social. Mas quem consegue vence o susto inicial e, certamente, alicerça a existência para alcançar uma vida e uma obra melhores, muitos passos à frente dos demais na realização dos sonhos. É o cirúrgico instante em que descobre a engenharia de vida se instalando em cada célula do DNA.

Todo sonho suscita um projeto, algo que se refere ao plano de ter, não no sentido de posse, mas da finalidade de realizar. Não se trata de fantasia. Não me refiro ao "pollyano" sonho de voar ou à utopia de ganhar na loteria para extinguir frustrações e problemas financeiros.

O sonho é um projeto que se pretende trazer à vida em algum momento, dotado de início, meio e fim, que se planeja para dar certo, que se luta para realizar e se celebra ao vê-lo em seu esplendor. Porém, basta depender de alguém ou de circunstâncias e pronto, está firmada com facilidade a diferença entre sonho e fantasia.

Aliás, a fantasia é o oposto da concretude de um sonho embasado pela engenharia de vida, que fornece condições ou contribuições para a realização. O fato de ela, a fantasia, povoar a mente é uma estratégia para substituir as frustrações de não poder ter aquilo que gostaria, tampouco ter disposição para batalhar. Nesse contexto, a fantasia é a droga do frustrado, razão pela qual precisamos adotar cuidados com a intensidade das fantasias que costumam se confundir com os sonhos. Prova disso é encontrar gente por aí que afirma com todas as letras: "Meu sonho é ganhar na Megasena".

Parte da sociedade se condicionou e, em certa medida, até se alienou. Praticamente, cidadãos são convidados à evasão coletiva dos sonhos para o terreno da fantasia, em detrimento dos sonhos executáveis. Pior ainda é o fato de aceitar esse convite subliminar. Um bom exemplo é a educação financeira sequestrada pela fantasia: muita gente é disposta a investir algumas dezenas de reais por mês para "fazer uma fezinha" e, em contraponto, quando propomos que reserve algumas dezenas de reais para a realização dos sonhos, é comum escutar os seguintes argumentos:

— Não sobra nada!

— Sobra uma mixaria, o que adiantaria reservar só um pouquinho de dinheiro?

Felizmente, Joca (e provavelmente o leitor também) entendeu a dinâmica dos juros compostos investidos em favor do dinheiro poupado. Não é relevante o perfil de quem investe, se prefere fundos conservadores de renda fixa ou fundos mais arrojados de renda variável, o que importa mesmo é investir em sonhos. Ao contrário do Joca, que se tornou investidor após anos sem poupar nada, tem gente que não compreende a pancada que recebe assim que paga o mínimo do cartão ou entra no limite do cheque especial, mas entende bem um mecanismo simples e fantasioso: apostar na loteria e conferir o resultado, vivendo a alienação de imaginar que um dia acerta e enriquece. A explicação é compreensível:

"A vida contemporânea, em geral, envolve inescapável rotina de estresse, problemas, empecilhos, frustrações. Alguns se deixam seduzir pela inebriante sensação que a fantasia provoca no cérebro, equivalente a um fármaco de tripla ação, um misto entre analgésico, anestésico e alucinógeno."

A ação dessa droga que é a fantasia, além de minar os sonhos, confunde a mente e subverte as cobranças que podemos e devemos fazer.

Em busca do sonho, cumprimos o que precisa ser feito agora, hoje, amanhá ou o mês que vem? Estamos pagando o alto preço que toda realização grandiosa costuma cobrar?

No lugar dessas perguntas cujas respostas fariam total diferença, a droga fantasiosa permite enxergar a vida pela ótica das frustrações vencidas dia a dia. Não é teoria da engenharia de vida, mas sim um fato que pode ser conferido na boca do povo:

"Estou matando um leão por dia."

"Se está tudo bem? Olha, pelo menos estou com saúde."

"Com essa crise, não dá para poupar para os sonhos e nem sobra tempo pra sonhar."

Joaquim, a essa altura dos argumentos, se manifestou.

— Acho que eu vinha tomando uma dose diária de fantasia há tempos e me enganava, pensando que fazia a coisa certa. Eu sonhava em ter uma empresa vencedora e, no fundo, torcia para que a minha empresa fosse "do tipo vencedora". Na real, Patriota, adotava postura de empresário indisposto a vencer.

A alegação de Joca se amparou em coragem e merecia uma resposta que fizesse jus à admissão de que alguma coisa estava terrivelmente errada.

— Se você analisar a causa de tanta frustração entre as pessoas que estão em busca de felicidade, Joaquim, vai acabar percebendo que tudo gira em torno do padrão instituído para "o que é a felicidade" de acordo com o mais famoso aplicativo de busca ou segundo determina a sociedade.

Joaquim disse que as minhas ponderações o deixavam pensativo. Senti-me feliz por esse efeito. Atuando como mentor dele, o objetivo nunca foi estar certo. A intenção de um mentor sério é gerar incômodo, reflexão e desejo de mudança (não necessariamente na mesma ordem), três questões sobre as quais Joaquim parecia conectado.

Para o mundo moderno, felicidade se atrela a consumo e posse, como um bem disponível na prateleira do supermercado, o que representa um tremendo e evidente equívoco. Não se pode comprar a sensação de plenitude. No máximo, adquire-se bens em evidência que, combinados a um estado de espírito, desencadeiam a fugidia sensação de plenitude.

Em resumo, tal qual se pode confundir uma rua preferencial com a contramão, é tolerável que se confunda a rápida sensação de plenitude com a felicidade que não se esgota. Entretanto, não se pode passar a vida inteira confundindo...

CONCRE TAGEM

Concretagem 8

AS NECESSIDADES PIRAMIDAIS DA VIDA

Decidi batizar esta concretagem por inspiração nas antigas estruturas de alvenaria construídas pela civilização do Antigo Egito, as pirâmides, obra que deixa qualquer engenheiro intrigado pela riqueza de detalhes.

Ainda assim, é outra pirâmide que desejo abordar, começando pelo "porquê", que acaba entrando em cena para mostrar o propósito da vida. Isso é simples, porém profundo. Num processo de *coaching*, perguntamos ao cliente (*coachee*) por que ele quer realizar seus sonhos. Com frequência, ouve-se as respostas "para ser feliz", "para cuidar bem da minha família", "para sentir-me realizado" e por aí vai.

Existe uma força subjacente por trás das razões que dirigem o espírito humano. Os porquês dessas razões se associam às nossas necessidades. Assim, chegamos à pirâmide que desejo trazer à reflexão. Abraham Harold Maslow (1908-1970), psicólogo norte-americano conhecido pelos estudos das necessidades humanas, descreveu em suas pesquisas mais famosas de que maneira cada necessidade do ser humano influencia a motivação e o faz sentir outras necessidades. Seu pensamento foi estruturado sob o formato piramidal e ficou mundialmente conhecido como a Pirâmide de Maslow, que resume e define um conjunto de cinco necessidades. Entender a pirâmide é crucial para definir uma engenharia de vida. Portanto, proponho que conheça ou reconheça a inspiradora hierarquia de vicissitudes e valores. Por tratar-se de um tema que se consagrou, vou passar rapidamente pelos critérios de Maslow e, em seguida, encaixaremos as ferramentas e soluções do psicólogo na caixa de ferramentas usada na manutenção de nossa vida.

- **Necessidades fisiológicas** – se resumem ao que faz funcionar o organismo: alimentação, sono, abrigo, água, excreção, repouso e outras. Sem essas necessidades satisfeitas, o ser humano fica mal, com desconforto, doente;

- **Necessidades de segurança** – são representadas por símbolos inconscientes de proteção contra a violência, garantias para áreas de saúde, recursos financeiros, emprego estável, residência segura;

- **Necessidades sociais** – englobam amor, afeto, amizades, socialização, comunidades de interesse comum, aceitação em novos grupos;

- **Necessidades de estima** – tal qual a valorização e o pertencimento que todo ser humano procura (admita ou não), se resumem por autoconfiança, reconhecimento, conquista, respeito alheio, confiança;

- **Necessidades de realização pessoal** – é a busca por tornar-se quem pode e deseja ser, no sentido mais amplo, desde o conhecimento até as experiências metafísicas e divinas.

As necessidades fundamentais nos colocam em natural movimento, seja bom ou ruim, mas que necessariamente há de atendê-las.

— Como assim, bom ou ruim?

— Como dizia o detetive Sherlock Holmes, é elementar, meu caro Joaquim. Nem sempre nos movimentamos de maneira assertiva em função das necessidades básicas.

"Priorizar uma necessidade e abandonar outra é algo que o ser humano faz sem perceber."

Citação conferida, continuei a argumentar, nessa fase avançada da mentoria.

— A parte boa vem agora, Joca. A quinta e última necessidade resulta em satisfação, que se ampara no topo da pirâmide com a força de todos os elementos alocados desde a base. Assim que encontrarmos uma maneira de atender a essa necessidade, toda frustração e amargura vão embora, toda derrota parece frágil ou simples demais.

— Se eu cumprir bem as quatro necessidades básicas, talvez a quinta seja uma consequência natural?

— Nesse caso, Joaquim, seria um benefício e não uma consequência. A resposta é sim. Cumprindo bem as necessidades básicas da vida, abrimos caminho para a realização e a satisfação natural. Caso contrário, precisaremos forçar a barra e encontrá-las.

A cada aula, Joaquim amadurecia, entendia e aprendia a usar os conceitos da engenharia de vida em conciliação com recursos testados e aprovados mundo afora, como o processo de *coaching* e a Pirâmide de Maslow. Formatar a engenharia exige, sim, um plano pessoal de etapas que venho compartilhando, mas não quer dizer que seja necessário reinventar uma felicidade que já está à espera. É aí, nesse ponto, que a engenharia de vida se aplica em seu esplendor: gerar movimento em busca de uma felicidade que existe no plano quântico e só espera ações práticas.

Dotado das soluções que foi capaz de absorver, além dos recursos internos de que dispunha para ser feliz, foi sagaz da parte de Joaquim perceber que o *modus operandi* usado para encontrar as quatro primeiras necessidades determina, em última instância, a quinta necessidade e uma vida plena.

Entender por que se toma as decisões gera poder para decidir, discernimento do modelo de mundo em que se vive e abre uma perspectiva de vida inteiramente nova.

O ser humano merece estar de prontidão para se conhecer, descobrir as forças motrizes por trás de todas as decisões que toma e, por último, agir em favor da quinta necessidade. Tudo isso passa pelo exercício constante de se perguntar por toda a vida: por que faço o que faço?

É muito importante dedicar atenção especial para as duas necessidades mais valorizadas e todos nós temos duas necessidades prediletas que motivam e impulsionam.

> *"Um músico deve compor, um artista deve pintar, um poeta deve escrever, caso pretendam deixar seu coração em paz. O que um homem pode ser, ele deve ser. A essa necessidade podemos dar o nome de autorrealização."*

Abraham Maslow, resumindo com profundidade o que pensa a respeito da realização.

Quem descobre o verdadeiro porquê do querer encontra paixão, energia e excitação. Com base nas positivas ideias de Maslow, é necessário fazer a pergunta das perguntas e encontrar, por conseguinte, a resposta das respostas.

Por que e qual é a maior paixão nos aspectos profissional e pessoal?

Vou apresentar outra constatação da engenharia de vida poderosa o suficiente para mudar de vida:

O mais reincidente motivo de quem não consegue o que quer é não saber o que quer. O segundo motivo que mais se repete é não saber o porquê, a razão subliminar e efetiva, a motivação subjetiva e prática. Uma vez diagnosticadas, identificadas e preenchidas essas lacunas, tem-se o encontro com o que sente e o que deseja, fortalecendo ambos pela emoção que leva a realizar.

A emoção é a dose de energia que acende ou reacende a ação. Sem ela, não há energia para cumprir as mudanças necessárias ao caminho de realizar sonhos. Avaliando por tal prisma, somos como uma máquina. Sem energia, nada funciona.

No fim daquela aula de mentoria, Joaquim se dizia extasiado. Quando deixei o seu escritório, havia no semblante de meu cliente um sorriso novo, aquele típico sorriso de quem passa a saber quais são os seus sonhos, o que, como, para que e quando obtê-los. Uma última pergunta ainda povoava o nosso trabalho e precisaríamos investigá-la detalhadamente, o que faremos na próxima concretagem da engenharia de vida.

CONCRE TAGEM

Concretagem 9

OS PORQUÊS NEGATIVOS QUE IMPEDEM SONHOS E OBJETIVOS

Joaquim conhecia detalhes estratégicos da conjuntura atual e desejável de seus sonhos. Aprendeu a questionar os porquês positivos de seus propósitos e agora, numa fase mais avançada, se articulava para concretar outra coluna da ponte que a engenharia de vida oferecia e responder outras perguntas que tinham uma pequena fração de complexidade, principalmente o porquê negativo. Isto é, por que não realizar? Ou, o que impede de realizar seus sonhos?

São as típicas perguntas que eu faço a todo instante, Joca aprendeu a praticar e devemos desenvolver o hábito de respondê-las, evitando o erro de deixar para a sorte ou o destino decidir sobre os sonhos:

Tudo está sob o meu controle ou alguma etapa da conquista de meus sonhos depende de fatores externos, sorte e outras pessoas?

Existem circunstâncias e coisas que possam me deter. E quais seriam?

O que estaria por trás desses agentes geradores de obstáculos?

Joaquim teria falhado em prever a estrada pela qual passaria ou por não ter acompanhado as etapas cotidianas de algum projeto? Ou, numa hipótese mais remota, a pouca disposição psicológica e a mentalidade limitante poderiam ser as "atrizes" da não realização?

Como se pode imaginar, os desafios de Joaquim e de qualquer ser humano que deseja realizar sonhos não são "moleza". Indagações exigem respostas, rotas precisam de atenção e revisão, entendimentos demandam flexibilidade, velhas crenças imploram por rupturas.

A pergunta "por que não realizar?", vale destacar, não pode ser mera atividade retórica ou fruto de divagação que não exige resposta.

Longe disso, é uma estratégia neurológica de cobrança, no bom sentido, que merece ser revista e repetida sem descanso.

> "É mais saudável se perguntar e responder a respeito dos caminhos que levam aos sonhos do que passar a vida inteira imaginando que sabe todas as respostas, sem nada realizar."

Verdade seja dita, a maioria prefere não se perguntar, por medo da resposta sincera que vai revelar comportamentos inadequados ou por receio de descobrir que há tempos não dá um passo sequer rumo aos sonhos.

Lidar com as pessoas que gastam tempo, energia ou disposição tentando resolver um problema inexistente não é simples e o mundo está cheio delas. Na empresa ou mesmo no sagrado lar, não é de se estranhar que esteja ali alguém indisposto a resolver o problema real e pertinente que atravanca os sonhos, enquanto se concentra num problema que só existe na cabeça. São os chamados perdidos.

Ajudar essa turma perdida a enxergar um futuro de sonhos realizados é uma tarefa prazerosa (quanto mais contribuímos com o próximo, maior o nosso resultado). Porém, não se pode deixar de lado os sonhos sob a alegação de que a outra pessoa não colabora. A pergunta "por que não realizar?", diga-se, é para ser feita por quem almeja um sonho e não por quem convive com a pessoa. Convém clarificar que só uma pessoa pode ser responsabilizada pelos resultados positivos ou negativos.

Esse tipo de pensamento responsável elimina de vez as desculpas comuns que ouvimos por aí:

— Eu até queria viajar para a Europa, mas a minha esposa não ajuda a poupar dinheiro.

— Se eu pudesse, voltaria para a faculdade, só que o meu marido não colabora.

São alegações que minam os sonhos por antecedência, porque a pessoa se apega aos pretextos de tal maneira que passa a ignorar as soluções práticas e reais que constam numa engenharia de vida bem aplicada.

Existe boa possibilidade de que um "por que não realizar?" em determinada área não seja o mesmo de outras áreas da vida. É o que torna a reflexão tão essencial e, muitas vezes, precisamente o que falta para alcançar o sucesso no projeto desejado (desde que tenha as questões dos passos anteriores bem resolvidas, pois não adianta nada ficar se perguntando por que não realizar enquanto sabota os planos).

— A troco de que a pessoa sabotaria os planos de realizar sonhos? Não parece fazer sentido! – alegou Joaquim durante essa aula da mentoria. Foi uma boa pergunta.

— Por lógica, Joca, não faz sentido jogar contra o time e agir contra os sonhos. Por razões diversas, tem gente que age na sabotagem de maneira inconsciente. Por exemplo, a moça tem o sonho de comprar uma casa de veraneio de frente para o mar, mas a todo instante o sonho é adiado. Até descobrir em alguma terapia que desejava mesmo ser anfitriã e ter a admiração da família, já que seus pais e irmãos sempre alugavam casa durante as férias no litoral. Sendo o sonho fruto de um desejo dela pouco sólido, a moça terá desculpas novas para continuar adiando.

A resposta deixou Joaquim refletindo. De repente, ele deu a impressão de que se lembrava de uma situação específica. Perguntei sobre o que estava pensando e sua resposta me surpreendeu.

— Por muito tempo, tive o sonho de comprar um apartamento na França, onde pudesse frequentar uma vez por ano. O sonho não saiu do papel e agora que você está falando, percebo que nunca quis, de fato. A questão é que eu adorava Paris e pensei que, se comprasse um apartamento, me veria obrigado a frequentar pelo menos uma vez por ano, para compensar o investimento. O meu sonho, hoje posso entender, era visitar Paris todo ano. No fim das contas, não comprei o tal apartamento e há dez anos não volto à França. A partir de hoje, vou estabelecer a data da próxima visita e me perguntar, todo dia, por que não realizar?

Mais uma vez, me senti realizado pela mudança de pensamento de Joaquim. A situação dele com o tal apartamento de sonho falso não é exceção. Várias pessoas assumem compromissos financeiros como se fossem atalhos e, sem perceber, acabam por não realizar nem o compromisso, nem o sonho.

Presenciei casos em que a pessoa não foi completamente verdadeira com os porquês de seus sonhos e relatou (para si, obviamente) só o conveniente, atribuindo causas e culpas aos outros. Relatando isso a Joaquim, até ele sacou qual seria o destino.

— Nesse caso, ela não vai realizar seus sonhos nunca!

É crucial ter honestidade para perguntar e responder, contemplando mentalidade, atitude, personalidade e hábitos, tendo em mente que você é a razão central para o seu "por que não realizar?"

A ausência de franqueza, é bom evidenciar para que o leitor possa se precaver, deriva da falta de alinhamento entre o querer, as crenças e os valores.

Quem vive em conflito interno talvez ainda nem tenha se dado conta disso, o que é normal. O sistema educacional não ensina a desenvolver recursos, a lidar com as emoções e muito menos a avaliar as complexidades da mente.

O pacotão das crenças e dos valores recebidos durante a infância determinará o ritmo da vida hoje adotada. Esse pacotão cria e desenvolve o pensamento crítico. Em uma obra, por exemplo, pensar é dar acabamento ao conhecimento.

Usando a analogia da engenharia de vida, crenças que fortalecem são paredes sólidas, ideias nobres são o brilhante porcelanato, sonhos blindados são a cobertura de policarbonato.

De toda maneira, cada ser humano carrega crenças limitantes, uns poucos e outros bastante; o que não simboliza demérito nenhum.

> "Como ninguém é perfeito, a engenharia de vida
> propõe lapidar a imperfeição."

Por falar em crença limitante e "por que não realizar", precisamos mais uma vez passear pelo asfalto capitalista, sobre o qual andamos em outros trechos. Muita gente foi educada a ver o dinheiro como vilão, dissociado da felicidade. Se houver alguma crença que rejeite a prosperidade, inconscientemente, haverá sabotagem sempre que puder ocorrer um estado bem-sucedido, feliz e afortunado.

Chegamos ao mundo sem mente consciente, crus, pelados e inocentes. Isso quer dizer que uma porção da mente está completamente aberta e se pode colocar nela qualquer informação, como o *app* de uma grande empresa.

As informações são captadas por meio de nossos canais sensoriais (visão, audição, tato, olfato e paladar). Nós as processamos internamente, sobretudo através de alguns canais favoritos: VISUAL e AUDITIVO, verdadeiros portais de entrada. Um deles é o que se vê, e o outro, o que se ouve. E tudo isso fica armazenado no subconsciente. Gosto de dizer que somos o que colocamos para dentro. Assim, a mente pode ser aliada ou inimiga, dependendo de "onde você olha e o que ouve".

— Proponho a você, Joca, que nos próximos dias observe mais atentamente cada escolha que faz, a cada momento, onde bota os olhos e o que ouve. A escolha dos livros, jornais e revistas que lê, do canal de televisão e filmes que assiste, da *internet* e das pessoas que te rodeiam. Ao agir assim, vai entender quem escreve a sua história. E são essas informações que constroem o sistema de crenças, que determinam sucesso ou fracasso, satisfação ou insatisfação.

Levamos uma vida inteira para construir o senso crítico, razão pela qual sempre há tempo para rever crenças, transformar as que limitam e reforçar as que impulsionam, desapegar das outras que só tristeza trouxeram e se preparar para uma nova vida dotada de crenças positivas.

No ambiente em que crescemos, pensamentos e conceitos são conduzidos diretamente para a mente, por meio da repetição. Nesse caso, o bebê está passando por isso o dia todo, a cada dia, semana, mês. Por isso, o meio ambiente da formação é mais importante do que a hereditariedade.

Não significa que inexista, em paralelo, o fator hereditariedade. A mente é programada geneticamente antes do nascimento, por meio dos comportamentos e das crenças dos pais e demais adultos do convívio, que são "incorporados" às complexas teias da mente. E como a mente subconsciente é programada genética, comportamental e ambientalmente, mesmo em fase adulta podemos mudar o que tem sido chamado de *mindset*, palavra da moda, principalmente no mundo dos negócios, para defender a mudança de mentalidade, o que nos leva até a próxima concretagem.

CONCRE TAGEM 10

Concretagem 10
COMO FAZER DA MUDANÇA DE MENTALIDADE UM COMBUSTÍVEL PARA O ÊXITO

A precio a sonoridade do termo *mindset*. Soa mais leve do que mentalidade. Levando em conta que o nosso objetivo é mudar o *mindset* para vencer na vida e na carreira, acaba ficando mais prazeroso falar ou ler do que ficaria "mudança de mentalidade".

— Concordo, então falaremos de *mindset* – definiu o nosso Joca.

O *mindset* é, basicamente, a configuração das atitudes mentais em relação aos eventos, a maneira pela qual a mente se condiciona para responder a determinados estímulos. Ou, ainda, a estratégia do cérebro para fazer ou processar informações, decisões, escolhas e julgamentos.

Por mais que as ferramentas, técnicas e modelo mental ajudem a construir sonhos, o *mindset* em constante mudança é a preparação para o crescimento e a evolução, a base para quem almeja sucesso em todas as áreas, o apoio de perspectiva que vai definir como encarar desafios, dificuldades e problemas do dia a dia.

Quem tem o *mindset* fixo se protege e se esconde dos obstáculos que podem revelar a incapacidade momentânea ou descortinar uma verdade dolorosa: a pessoa acredita que não pode mudar nada e que os seus talentos, inteligência e habilidade são fixos, mesmo que viva em um mundo dinâmico onde tudo muda a cada instante.

Para essas pessoas que optam por um *mindset* confortável e estacionário, o fracasso é um constrangimento inaceitável e, por isso, evitam a todo custo se expor e explorar novas oportunidades, vítimas de um diuturno medo do fracasso. Por isso, evitam erros e situações difíceis. Para elas, vergonha e rejeição social têm prioridade em relação ao próprio desenvolvimento. Dedicam toda sua energia a fim de parecerem inteligentes, moldam o mundo ao redor e limitam suas opções por uma fronteira intransponível, escolhendo a dedo as pessoas com quem se relacionam.

O foco nessa mentalidade acaba fazendo com que se crie a falsa imagem de que está tudo sob controle, seguro, o que impede ou retarda o alcance do verdadeiro potencial e, consequentemente, dos sonhos.

Por conta dessa realidade que ninguém poderia negar a existência, um dos meus intentos ao criar a engenharia de vida foi mostrar que podemos fazer da mudança de mentalidade um combustível para o êxito.

Sim, isso mesmo. Carro sem combustível não anda e sonho também não. Mudar o *mindset* não é só um dos caminhos, é o caminho.

"Precisamos pensar com riqueza, o que é bem diferente de pensar em riqueza."

No contexto, refiro-me também à riqueza material, mas chamei a atenção de Joca a outros formatos de pensamento rico.

— Isso eu acho que faço – declarou Joaquim.

— Então vamos fazer um teste, Joca. De repente, surge em sua mente o sonho de criar um negócio de outro ramo, oposto ao setor que atua hoje. Você se propõe ao menos a considerar ou descarta a ideia logo de cara?

— Nesse caso, descartaria. Tudo o que eu sei fazer é ligado ao meu setor.

— Aí é que está. O *mindset* empobrecido é o que atira uma ideia no lixo antes de considerá-la. Você não precisa mudar de ramo, mas não é justo consigo descartar um plano da mente, por mais estranho que seja, sem análise aprofundada. Certa vez, Joca, prestei consultoria financeira a um gerente de banco. Por ocasião do diagnóstico, descobrimos que o carro dele estava com 80 mil quilômetros rodados. No fim daquele ano, sugeri que trocasse o veículo por um novo porque, nessa etapa, os itens de desgaste natural precisam de troca e a revisão se torna muito cara. O cliente discordou, mas coloquei na ponta do lápis os critérios valorização do bem, depreciação, impostos, seguro, manutenção e satisfação. Descobrimos que o investimento no carro novo exigiria um pequeno investimento, menor do que seria gasto em manutenção e perdido pela depreciação do carro velho. Isso explica o *mindset* empobrecido, manter bens velhos e surrados supondo que vai economizar, enquanto amarga prejuízo. A mesma linha de pensamento e ação se encaixa em investimento acadêmico, em cursos alternativos, em leitura e viagens. Tem gente que passa a vida "economizando", deixando de investir nessas áreas, sem notar que a carreira se estagnou justamente por não investir em conhecimento. Entendeu, Joca?

Joca concordou que o tema merecia revisão.

Para as pessoas dotadas do *mindset* de crescimento, o foco é aproveitar desafios, assumir riscos e flertar com o próximo estágio do desenvolvimento.

— Acho que antes do início da mentoria, eu preferia viver com o *mindset* fixo. Hoje me identifico com esse *mindset* rico.

— É bom que você se vê assim, Joaquim. E digo mais, tome o cuidado de não cometer o erro de interpretação que muitos cometeram, de se identificar com o *mindset* de riqueza e crescimento, porém agir com o *mindset* fixo. É da natureza humana preferir o que gera crescimento, mas também faz parte da natureza humana namorar a utopia, noivar a fantasia e, após o casamento, entrar na bolha do conforto, que é fixo e avesso à evolução.

— Boa metáfora. Vou tomar cuidado!

Joaquim e cada um de nós precisamos "ficar espertos" com os truques do inconsciente, que engenhosamente visam apresentar ao consciente uma verdade fantasiosa ou mentirosa. Por exemplo: o sistema de crenças informa que um esforço psicológico tem sido feito para se convencer que tem ficado antenado às mudanças, sendo que a verdade por trás da crença dissimuladora é que a antena foi desligada há bastante tempo.

Ao adotar o *mindset* de crescimento e riqueza, é natural passar a crer que a inteligência e as habilidades podem evoluir a partir de fontes heterogêneas, pois o conhecimento tem muitas moradas. Dessa forma, não se perde tempo arquitetando planos para receber da mente falso *feedback* positivo. Pelo contrário, se concentra energia para atingir, de fato, novos patamares da inteligência, do talento, da capacidade de raciocinar e agir.

— Eu já adotei. É isso o que quero para mim! – frisou Joaquim.

— Então saiba que não nascemos com habilidades prontas, definidas e restritas a limites estabelecidos pelo DNA. A combinação entre esforço, disciplina de aprendizagem e trabalho árduo durante o dia a dia acaba por desenvolver novas habilidades. E, é claro, o cérebro adora fazer ginástica, aprender habilidades e talentos novos a partir da experiência prática.

Confirmei a Joaquim que o seu comportamento e a sua visão estavam mesmo alinhados com a postura do *mindset* de riqueza e crescimento. Sugeri a ele – e estendo a sugestão aos leitores – que trabalhasse em favor da sua capacidade de ter e acumular resiliência, qualidade fundamental para o crescimento, que pode ser desvendada por três contemplações.

1. Saber lidar com um problema sem fazer dele um drama irremediável. Se o prazo estourou, no lugar de sair chorando pelos cantos por não ter atendido o cliente, cabe explicação, retratação e entrega imediata;

2. Adaptar-se às mudanças circunstanciais ou sentimentais. Se perdeu o emprego, lamentar o rótulo de "desempregado" é contraproducente. Quem tem resiliência e pensamento rico parte para o próximo capítulo da vida e consegue recolocação rápida;

3. Resistir à pressão das situações adversas. Se a liderança está cobrando números e o concorrente ameaça vergar a empresa, quem tem resiliência sabe dotar-se da frieza de calcular uma rota de saída, um contra-ataque bem formulado.

— Sou desse tipo teimoso. Enquanto não consigo o que quero, tenho resiliência para seguir até que dê um jeito de obter – afirmou Joaquim, e precisei corrigir o curso.

— Joca, não se pode confundir teimosia com resiliência, muito menos com persistência. Um bom processo de engenharia de vida prevê ter essas qualidades compreendidas e separadas. O capitão do Titanic não teve resiliência, mas sim teimosia. Uma máquina daquele tamanho seria incapaz de manobrar rapidamente se estivesse em alta velocidade. Todos os engenheiros e até os *icebergs* sabiam disso, mas o capitão foi teimoso e decidiu acelerar. Se tivesse resiliência para suportar as críticas, teria aportado em segurança. Compreende como o tema exige cuidados interpretativos? O que você acha?

— Faz sentido.

— Explico melhor. Veja bem o que dizem os dicionários: Teimosia, qualidade de teimoso. "Obcecado", "caprichoso", que tem repetida obstinação com as próprias ideias.

É o popular "cabeça dura", difícil de mudar de opinião, mesmo errada.

Persistência é uma característica daquilo que não desiste fácil. Agir com persistência é ser esforçado e focado em seus objetivos, sem deixar-se abalar facilmente por quaisquer críticas ou negativas.

Resiliência é a capacidade de se recobrar facilmente ou se adaptar à má sorte ou às mudanças.

— Na verdade, Joca, você não é teimoso, mas sim persistente. Aprender com os erros, saber corrigir a rota e não desistir facilmente dos objetivos também são características de quem tem o *mindset* de crescimento, assim como a capacidade de liderar, o poder de persuadir e tomar a iniciativa, a confiança, a competitividade e a visão de negócios. O ideal é deixar de ser teimoso, aprender a vencer a teimosia, pois o teimoso não está condenado a ser assim para sempre. Teimosia é um hábito que pode ser mudado, seguindo alguns passos. Vou apresentar apenas quatro: primeiro, desenvolver a virtude da humildade; segundo, recordar das cabeçadas que deu no passado e que pagou caro por isso; terceiro, ficar aberto a receber conselhos de pessoas que podem ajudar a fazer as coisas de uma maneira diferente; quarto, saber que não existe o certo ou o errado, mas sim consequências. O apóstolo Paulo, nas escrituras (1Corintios 6:12), nos ensina: "Tudo me é permitido, mas nem tudo convém". Resumindo, teimosia tem um preço.

Assim terminou a aula da mentoria naquela tarde de sábado. Joaquim levou para casa a tarefa de recompor pensamentos a respeito de teimosia, persistência e resiliência, um exercício que é bom para ele e para todo ser vivente.

> **"Todos sabemos que a atitude mental pode e deve mudar, porém devemos estar cientes de que, da noite para o dia, só quem muda é o sol. Ter o mindset de crescimento demanda etapas, esforços, disciplina, resiliência, perseverança e mais uma série de atributos que a peculiaridade de cada situação exige."**

O economista Valfredo Pareto demonstrou em seus estudos que, ao se empreender em qualquer esfera (profissional, pessoal, afetiva, *business*), cerca de 80% do sucesso é psicológico e só 20%, mecânico. Isso significa que o empenho psíquico gera mais resultado positivo do que o esforço físico-lógico.

A afirmação "basta crer para conquistar", noutro extremo, traçando uma risível analogia, "não se basta". Jogar para o universo e esperar que o sonho venha sem qualquer esforço é algo que não funciona para o *mindset* fixo, nem para o *mindset* de crescimento, e tampouco está previsto no manual da engenharia de vida.

Sim, eu sei que livros foram dedicados a esse caminho e autores defenderam teses contrárias ao que estou afirmando. O papel quântico tem vital importância, mas nem mesmo o universo se move para gerar um desejo sem cobrar o preço do esforço.

Todo ser humano um dia se encontrou em situações temerárias, onde se dá dois passos para frente, mas os conflitos e obstáculos puxam outros três passos para trás. Quem já se viu endividado, por exemplo, sabe quão difícil é caminhar na neve enquanto observa, lá no alto, a bola de neve das dívidas pronta para rolar e arrasar a vida. Paga-se um credor, surgem dois. Eliminam-se os juros de uma dívida, triplicam os juros de outra. Se isso aconteceu com você, procure se lembrar como resolveu. O universo deu um jeitinho e nada precisou ser feito? Ou será que usou um passo a passo para desbloquear os entraves, deixar tudo mais claro e "limpar a neve" do próprio quintal financeiro?

Ao se livrar dos obstáculos, todo caminho fica mais fácil e rápido, menos sinuoso e perigoso. Logo, o melhor caminho é saber o que hoje é mais importante. O que achava que deveria ter feito antes, baseado no sistema de crenças dos pais, nos amigos ou na sociedade, passou.

Simples assim, não tem nada a agregar, senão um saudosismo que não leva a lugar algum. É onde entra o famoso ditado "chorar pelo leite derramado".

Com o *mindset* fixo ou de crescimento, merecemos a atitude mais vencedora que a engenharia de vida permite. Somos dignos da chance de abandonar um passado que só traz dor, para adotar um presente que traz ação e traçar o plano que trará os sonhos.

Alinhemos a vida ao que realmente valorizamos, ao que é mais importante para crescermos. Tudo alinhado, sem nada para atrapalhar, vencidas as etapas, simplesmente chegaremos lá. Não por mágica, mas porque usamos a engenharia de vida para edificar a existência. Confie em mim, pois não é uma teoria. Eu consegui, Joaquim deu conta e todos nós conseguiremos. Sem demora, vamos concretar as estratégias por onde andaremos, pois caminhar nas nuvens é coisa de quem sonha muito e realiza pouco.

CONCRE TAGEM

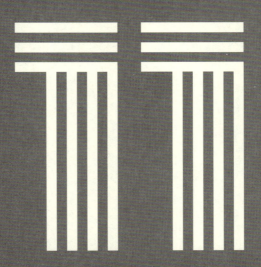

Concretagem 11
O PAVIMENTO ESTRATÉGICO DA ENGENHARIA DE VIDA

No campo pessoal ou profissional, baixíssima parcela da população adota metas específicas e mensuráveis. Se não o fazem e não possuem um plano simples, é de se imaginar que a população não possua planejamentos estratégicos que estão para as colunas anteriores, o que está o bloco para o pilar da engenharia de vida; irmãos de construção. Por isso, chegamos ao trecho em que vamos concretar a mais forte de todas as colunas erguidas e combinadas.

Levando a linha de pensamento a outros setores e considerando que o desemprego é um problema constante a ser enfrentado no Brasil, vale refletir que vários estudos apontam a dificuldade do profissional para: a) entender com clareza as metas; b) distinguir entre prioridade e urgência; c) manter o comprometimento diário; d) planejar com estratégia.

Podemos investigar as causas. Esses profissionais não estão bem resolvidos com os passos que exploramos na jornada da obra, na engenharia de vida, até aqui. E por estarem distantes dos caminhos que edificam a ponte para o *mindset* de crescimento, "planejamento estratégico" lhes parece, no máximo, um nome garboso que o chefe utiliza para convocar reuniões.

Planejar com estratégia é avaliar a riqueza da conjuntura em que se vive, é ter uma análise constante, é deixar de andar perdido e saber caminhar pela rota do êxito.

> "Na rota do êxito empresarial e pessoal, três grupos: gente perdida à procura de informação; gente que se achou e dá informação; gente que não quer informação. A nós, cabe escolher a qual grupo pertencer."

No planejamento, é fundamental saber a conjuntura atual e a desejada, o que vimos nas colunas anteriores. De posse das motivações e respeitando os valores nobres que temos (não podemos e não devemos abrir mão), tem-se início o planejar embasado pela estratégia.

Engenharia de vida pura, em seguida se deve contemplar como fará isso se concretizar à prova de falhas, estabelecendo as ações específicas para encher de concreto a coluna da conjuntura atual até ver a solidez da conjuntura desejada.

— Pode dar um exemplo? – pediu Joaquim, e atendi.

— Ao viajar de carro num trecho de quinhentos quilômetros, Joca, malas são preparadas, itens de segurança verificados, roteiros pesquisados, documentos conferidos e tanque abastecido. Por que seria diferente ao viajarmos de uma conjuntura a outra da existência? Obviamente, o plano estratégico resulta em uma boa viagem nos dois casos. Ou, quiçá não aconteça, traçaremos o caminho de acordo com a analogia que ofereci, nus com as mãos nos bolsos, sem freios, sem conhecer o caminho, sem energia suficiente para chegar.

— Posso traçar o meu plano estratégico agora? – perguntou Joaquim, durante a nova aula da mentoria.

— Pode sim, Joaquim. Escolha um sonho, escreva de maneira manuscrita uma estratégia, um plano geral. Dedique tempo e energia para isso, foque em áreas e estratégias diferentes, dê foco ao que importa e se prepare para manter um crescimento sustentável, que não venha a ferir outras áreas da vida. A hora é agora!

— Que tal outro exemplo, Patriota, para ficar mais claro? Eu gosto de como você exemplifica as tarefas a cumprir.

Vou dividir com os leitores o exemplo que dei para motivar Joaquim a escrever o seu planejamento estratégico.

— Leve em conta os valores que guiam a sua vida. Uma pessoa honesta como você jamais usaria artifícios ilegais, ilícitos ou nocivos a alguém. Trace o planejamento estratégico avaliando cada tópico que abordamos, descreva o que você, e ninguém mais, pode fazer pelo objeto de seus sonhos. Descreva o que e como reagirá diante das críticas ou dos problemas que todo sonho prevê. Relate como pode blindar o sonho em relação a tudo e a todos que possam atrapalhar a jornada. Defina períodos curtos para aferir, de tempos em tempos, se cada conjuntura está se encaixando na engenharia de sua vida, corrija rotas, aperfeiçoe as estratégias. Celebre as pequenas conquistas, em geral esquecidas ou ignoradas. Converse com aqueles que ama, revele o que deseja, peça apoio e compreensão. No fim, você vai vencer, porque transformou um planejamento estratégico em realização, uma fantasia teórica em feito prático, uma ideia em execução.

Joaquim compreendeu a extensão de um planejamento estratégico e colocou a mão na massa. No todo, a vida e o trabalho exigem esses planos, quebrando o paradigma de supor que só o trabalho demanda a necessidade de planejar com tática.

Respeitadas as diferenças entre uma esfera e outra, esse pequeno guia que ofereci a Joaquim se encaixa nos propósitos pessoais, profissionais, empresariais e empreendedores.

Basta usar a versatilidade na criação do plano estratégico para cada setor da vida e cada propósito de carreira. Isso posto, ficou para o passado longínquo a compreensão de uma vida pessoal e de uma vida profissional.

O tempo e a tecnologia trouxeram a indubitável verdade de que a vida pessoal e a vida profissional são uma experiência só, misturadas pelo protagonista que atua em ambos os ambientes e se relaciona com os dois grupos: o familiar, a quem ama; o profissional, com quem convive, respeita e aprende. Se assim for, estamos falando de alguém que está preparado para ser feliz e realizar sonhos em ambas as áreas. Mas, se existe a dificuldade de se relacionar com quem ama e de conviver com os colegas de missão profissional, outra verdade pode se insinuar: talvez o problema não seja ou esteja nos outros.

Frustrada e sem planejamento estratégico para viver ou lutar pelos sonhos, é comum que a pessoa transfira a responsabilidade e a culpa por seus resultados ruins aos outros.

Joaquim absorveu todo o conteúdo dessa aula e confessou o que se passava em seus sentimentos.

— Patriota, estou cada vez mais empolgado. Como sou um cara metódico, estava aqui pensando numa possibilidade. Seria possível expandir o planejamento estratégico? E me desculpe se o que peço não tem qualquer sentido.

— Seu pleito é justo e você até se adiantou, Joaquim. Vamos transformar em método a partir de agora, pois a engenharia de vida não pode ser sustentada por ideias, ainda que sejam ideias aprofundadas e agregadoras. As colunas da engenharia de vida foram preenchidas e nos compete partir para o fino trato, o acabamento. Toda grande construção se destaca por aquilo que as pessoas veem do resultado. É isso o que vamos fazer nos próximos blocos da obra, transformar ideia em ação, por meio do entendimento dos setores da vida. E para concluir, você está coberto de razão. O planejamento é tão importante quanto a ação, já que o mundo está repleto de pessoas motivadas e felizes que não sabem aonde ir. Por isso, vamos ao fino trato da obra existencial, da engenharia de vida que todos merecemos. Vamos parametrizar a demanda do planejamento estratégico, para facilitar a sua vida.

Foi assim que respondi ao meu cliente naquela manhã chuvosa de inverno. Joaquim realizou os seus sonhos e o leitor também conseguirá. Uns mais e outros menos, todos nós temos uma porção racional e pragmática que precisa ser contemplada aos olhos de um planejamento blindado.

A ideia do planejamento estratégico está pavimentada (*mindset* de crescimento). Agora, a engenharia de vida vai permitir que essa ponte seja erguida, para que todos atravessemos ao outro lado, onde estão os sonhos à espera de desbravamento e conquista. Sem demora, vamos atravessar essa ponte e alcançar os detalhes do metódico plano que transforma ideias em sonhos.

CONCRE TAGEM

Concretagem 12
A PONTE DO MÉTODO QUE LEVA AOS SONHOS

A engenharia de vida não entregaria a Joaquim ou aos leitores uma ponte qualquer. A nossa ponte vai conduzir o planejamento estratégico até o outro lado da existência, onde está a realização, uma majestosa ponte estaiada, suspensa por cabos, disponível e pronta para receber os viajantes.

Pela ponte do planejamento que leva aos sonhos, devem passar as ações específicas e pontuais, alinhadas ao querer, aos sonhos, ao *mindset* e aos cabos que sustentam a ponte estaiada, fortes o bastante para estruturar com solidez o sucesso em cada área dos sonhos.

Eis os cabos:

1. **Cabo do conhecimento;**
2. **Cabo dos mentores;**

3. Cabo da network;

4. Cabo da saúde;

5. Cabo do dinheiro e das finanças;

6. Cabo do propósito.

Inclusive, a ponte comporta o uso de uma ferramenta extremamente importante, muito utilizada nos processos de *coaching*: 5W2H, que visa definir o que será feito, por que, onde, por quem, quando, como e quanto custará. O ideal é definir as ações que contemplem os seis cabos citados.

Joaquim, que raramente economizava a língua, a soltou para externar sua opinião.

— Porra, Patriota, essa ponte é descomunal, hein?

— Tem de ser, meu amigo. Por ela passarão as suas carretas pesadas, carregadas de sonhos, com planejamento estratégico, que serão descarregados e transformados em realidade.

Sem deixar Joaquim ansioso por mais tempo, fomos visitar a ponte. Eis o registro dos detalhes:

Primeiro, fortalecemos o cabo do conhecimento. Muito profissional cai na armadilha de interromper a educação. Alguns até verbalizam a pretensa e temerária justificativa:

— É que eu já terminei os estudos!

Plano de Ação 5W2H

Data da criação do plano: _____ **Responsável:** _____ **Objetivo:** _____ **Meta:** _____
Data da revisão do plano: _____ **Responsável:** _____ **Indicador:** _____

O que	Como	Quem	Quando		Onde	Por que	Quanto	% Completo	Hoje	Situação atual
			Inicio	Fim						

Ora, conhecimento não vence, nem chega ao fim. Seja porque não tem tempo ou pela arrogância de se achar capacitado e dotado de conhecimento suficiente para a vida, muita gente desiste sem levar em conta que o aprendizado constante é aliado estratégico para se obter resultados melhores ou diferentes do que se obteve até ali.

Profissionais de sucesso estão em constante desenvolvimento, não param de estudar, matriculam-se em cursos relacionados aos objetivos profissionais.

Esses exitosos perceberam que o bom conhecimento é aquele que alcança a combinação de competências técnicas da área de interesse e as comportamentais, como planejamento de carreira, gestão de tempo, comunicação, técnicas de apresentação, desenvolvimento pessoal-comportamental, vendas, negociação, fluxo de caixa, liderança, resolução de conflitos, gerenciamento de estresse e, principalmente, autoconhecimento, adquirido com o tempo ou por meio de análise, terapia, livros.

Para construir uma carreira ainda mais vencedora, Joaquim mudou seus pontos de vista. Ele, que só valorizava conhecimento acadêmico e corria do aprendizado alternativo, dos cursos, treinamentos, palestras e *workshops* diversos, revisou seus conceitos.

Joca aprendeu, felizmente em tempo hábil, que o conhecimento técnico é importante, mas não elimina nem rivaliza com o imprescindível conhecimento extracurricular, que agrega maior amplitude e evolução aos valores e qualidades que já temos.

O conhecimento de si, a imersão rumo ao que gostamos e não gostamos, aprovamos ou desaprovamos, cremos ou desacreditamos, é uma ferramenta igualmente potente na composição desse forte cabo que é o conhecimento.

Foi-se o tempo em que o ser humano poderia se gabar de conhecer tanto uma área, que não precisava conhecer outra. A tecnologia aproximou setores e intercambiou conhecimento. Por isso, seja funcionário em busca de uma carreira em ascensão ou empresário com a empresa a ser administrada, terão destaque aqueles que decidirem conhecer as matérias variadas e o melhor material humano que existe neste mundo, a própria pessoa.

Joaquim deixou a aula do conhecimento com uma tarefa que todos deveríamos cumprir: listar sinceramente e sem censura as nossas forças, fraquezas, oportunidades e ameaças. De preferência, que a lista tenha o maior número de itens possível, para esquadrinhar a análise.

Essa análise é, digamos, a amarração do cabo do conhecimento, pois direciona e dimensiona o que é necessário para planejar as decisões, apresenta a clareza dos aspectos positivos e negativos que influenciam o negócio, a carreira, a vida. Por fim, ajuda a potencializar forças e enfrentar as fraquezas, através de um cara que deve ser o nosso amigo mais íntimo por toda a vida, o conhecimento.

O segundo merece atenção por ser a fonte inspiradora, o cabo dos mentores. Os melhores resultados da vida passam pela ponte e outro cabo que a sustenta é o dos mentores. Merecemos aprender e nos espelhar em pessoas que lograram êxito na posição que desejamos.

Outra vez, aponta no horizonte a necessidade de tecer perguntas estratégicas que geram respostas facilitadoras. Como essas pessoas chegaram lá? Que ensinamentos têm a oferecer? Quais as melhores qualidades e competências que possuem e podem ser modeladas?

— Se eu soubesse disso antes, teria começado lá atrás. Sempre tive o hábito de ver os meus ídolos como imortais. É bacana vê-los como semelhantes cujas qualidades podem me ajudar.

— Boa, Joaquim. Mas lembre-se do que eu disse no começo. Não estamos avaliando o passado. Nosso projeto é sedimentar o presente em busca de um futuro. Então, está tudo certo. Desde criança, mentores passam por nossa vida com roupagens e personagens diversos. Professores que fazem a diferença, adultos sábios com quem tivemos a sorte de conviver, pais que certamente geraram uma contribuição valiosa para toda a vida, razão pela qual sempre há tempo para começar ou resgatar o aprendizado desses tantos mestres, inclusive os tais ídolos que comentou. Artistas, empresários, médicos. A inspiração de mentores está por todos os cantos.

Meu cliente resgatou a confiança e seguiu em seu projeto, inserindo a engenharia de vida. O fato é que precisamos nos inspirar em quem já conquistou o que almejamos. As pessoas mais bem-sucedidas são grandes entusiastas do sucesso dos outros porque o sucesso, em si, não tem rótulo. O presidente de uma empresa líder aprende todo dia com outros CEO's, que se tornam seus mentores a título de inspiração. Do faxineiro ao artista, do chofer ao executivo, podemos nos inspirar em suas qualidades porque o sucesso está além do dinheiro.

Quem realmente vive conquistas acredita que o sucesso é para todos. Só os invejosos almejam o sucesso unicamente para si e, quando o alcançam, acabam por não consolidar conquistas e perdem o que alcançaram.

Além do benefício de aprender com os mentores próximos ou distantes, é a maneira mais rápida de crescer com sabedoria e obter os melhores resultados desejados para a vida.

Há mentores incríveis por aí. Descobri centenas de profissionais competentes, seres humanos iluminados e evoluídos. Elegi muitos como os meus mentores, cada qual especialista em uma área específica da minha vida.

Um deles, inclusive, recomendo fortemente que seja também um dos seus mentores: Jesus Cristo de Nazaré, o homem que viveu a mais brilhante história de vida de todos os tempos, referência mundial de fé e inspiração.

— Mas o nosso trabalho de mentoria vai entrar nas questões religiosas? – perguntou Joaquim, receoso da referência de mentor que apresentei a ele.

— Não, Joaquim. Eu jamais faria proselitismo. Mencionei o mentor por sua grandiosidade e por tudo o que representa.

Tranquilizei o cliente, que compreensivelmente imaginou que eu defenderia alguma religião, algo que nunca fiz e não faria em meu livro. E continuei:

— Não se engane, Joaquim, achando que podemos aprender tudo o que precisamos sob a condição de autodidatas. Todo mundo precisa de um mentor. Quando não, de vários. Não há limites para o que se faz bem e pode inspirar.

Assim fechamos a aula daquela noite. Minha recomendação é que esse cabo de mentores contemple a multiplicidade, com o direito de angariar quantos forem possíveis e ficar perto deles, acompanhando seus passos, absorvendo seu conteúdo.

Para fortificar ainda mais esse cabo, outra estratégia é descobrir quem são os mentores daqueles que elegemos mentores, o que equivale a aprender com os "avós" do conhecimento.

Nenhuma estratégia é tão pessoal que não possa ser aprendida ou adaptada por outra pessoa. Se existir contato direto, tanto melhor caso possa perguntar como essa pessoa começou, conhecer suas motivações e contratempos, além de trocar, pois também temos conhecimento a oferecer aos mestres (se existe afinidade com alguém, é bem provável que tenhamos algo a aprender e ensinar). Dizem que, na vida, uma mão lava a outra e essa reflexão vale também para o sucesso da engenharia de vida.

"Pessoas de bem dividem, complementam e completam, se ajudam e se elevam."

Assim, chegamos ao terceiro, o cabo da *network*. Reforçando a ideia compartilhada no cabo dos mentores, ninguém é forte sozinho. Uma carreira exitosa prevê aumento do círculo de contatos, transcendendo as redes sociais até construir uma rede de pessoas valorosas. Com o trabalho da socialização dos relacionamentos bem executado, dar a cara à tapa – mostrar o que faz de melhor, se expor e sair do casulo – é um exercício que expande a empresa, a vida, os negócios.

De repente, Joca franziu o cenho e me olhou com nítida desaprovação.

— Eu sempre preferi o anonimato e gosto que seja assim, Patriota. Vejo uma baita futilidade nas redes sociais e não estou disposto a fazer parte dessa merda.

Foi um dos momentos mais tensos da mentoria.

— Espere aí, Joaquim, não vamos confundir as estações. As redes sociais simbolizam mais um canal de expansão dos relacionamentos, e não o único. Muita gente evita conversar sobre negócios com os concorrentes, por medo, sem notar que temos muito a ensinar e aprender em companhia daqueles que vivem missão semelhante. Há quem deixe de falar a respeito de negócios com as pessoas que frequentam o mesmo circuito de conhecimento. Por exemplo, ir até uma convenção de liderança e passar o dia inteiro ao lado de centenas de pessoas sem procurar interação é um desperdício.

— Patriota, isso eu posso fazer sem problemas e confesso que, até hoje, eu evitava, preferia ficar no meu canto.

— Já é meio caminho andado.

— Porém, me recuso a fazer parte das tais redes sociais, é só banalidade ou polarização política. Tô fora!

Uma hora dessas, Joaquim, quem sabe você muda a maneira de pensar? Seu *mindset* está aberto, tudo pode acontecer. Eu, por exemplo, uso as redes sociais só para me relacionar profissionalmente. Compartilho pensamentos, artigos, ideias, sugestões para melhorar a carreira e a vida. Quanto mais informação ofereço, mais pessoas se aproximam para uma boa relação profissional. Faço muitos negócios a partir das redes sociais.

Naquele dia, Joaquim não foi totalmente convencido, mas percebi que ficou balançado, disposto a rever conceitos. Seu *mindset* se expandia a cada aula.

Precisamos entender que somos tão importantes quanto as outras pessoas. Fazer *networking* é a chance de mostrar o que temos de melhor e devemos realizar isso sem medo da crítica.

Aos que preferem distância e isolamento, não há nada de errado na decisão. No entanto, vale dizer que a rota distante e isolada é como a estrada solitária: sempre parece maior. Em contrapartida, quanto mais disposto a trocar conhecimento, maior se torna o universo de oportunidades. O cabo do relacionamento com o semelhante sempre será um dos mais fortes ou, em outra analogia, a estrada mais próspera e curta para o sucesso.

Chegamos ao cabo da saúde, o mais valioso bem da ponte dos sonhos e não existe ser humano em saudáveis condições mentais que possa discordar disso. O paradoxo é que, embora qualquer pessoa concorde, nem todos zelam.

Representa ainda o indicativo dos comportamentos. O zelador da boa saúde demonstra que faz a manutenção nesse relevante "cabo". Dá valor à vida, é responsável, pensa no futuro, se blinda, prefere prevenir a remediar.

— Da saúde física, posso me orgulhar. Tenho saúde de ferro! – frisou Joaquim, que classificara nota máxima ao avaliar o quesito na roda da vida.

Eu o parabenizei. Mais do que necessidade, há estratégia em zelar pelo cabo da saúde física e mental porque não existe ponte que se sustente sem vigor. No mais, é a única maneira de se manter em equilíbrio e desfrutar a vida com tudo o que ela oferece, no lugar de andar na corda bamba, viver refém dos tratamentos médicos ou só sobreviver conforme o avanço do dia a dia, quando o mais prazeroso seria viver.

Outro benefício impagável é que o ser humano saudável executa o trabalho por prazer e propósito, enquanto aquele que não se cuida trabalha por obrigação e salário ou pró-labore.

O cabo da saúde fortalecido e esticado permite cuidar da família, progredir, amealhar recursos e obter sucesso. No entanto, cuidar da saúde não se restringe a marcar exames e consultas periódicas. Deve-se adotar um conjunto de ações mais plural, trabalhar bons hábitos, abdicar dos vícios.

Não é à toa que surgem tantos programas de incentivo para que as pessoas deixem de ser sedentárias e se alimentem melhor. Os empresários estão mais conscientes e motivados para iniciar programas do tipo em seus colaboradores. Todo *player* sabe que, ao prevenir e reduzir problemas de saúde entre o time, evita o absenteísmo, o *turnover*, o sedentarismo e a infelicidade dos colaboradores.

Com o cabo da saúde em boa manutenção, percebe-se, ganha o empresário, ganham as pessoas. O roteiro é simples. Basta alimentar-se com maturidade de consumo, praticar exercícios físicos, cumprir longas e regulares horas de sono, manter o humor em alta, ler, viajar e dar preferência a visitar o parque ao ar livre em vez do *shopping* e seus *fast-foods*.

Cada área da engenharia de vida tem sua importância. Apesar disso, uma indiscutível hierarquia proporciona alto desempenho das realizações e o cabo da saúde, é claro, tem seu destaque de força.

Sem vitalidade, o sonho do carro importado na garagem é mero desejo de posse, o sonho de viajar o mundo é simples devaneio.

A melhor estratégia consiste em ter e manter o que pode e vai conduzir ao outro lado da ponte onde estão os sonhos, a saúde.

ENGENHARIA DE VIDA

Pela última vez, precisaremos voltar ao tema dos recursos e abordar por uma nova contemplação o cabo do dinheiro e das finanças. Diz o ditado que dinheiro não compra tudo, mas nunca veremos alguém recursar dinheiro honesto.

Não temos notícia de quem tenha se sentido mal diante da chance de comprar uma casa na praia, se matricular num curso conceituado, viajar ao exterior, ter um carro esportivo. Entre sonho e realidade, deve-se manter firme e engraxado o metafórico cabo do dinheiro e das finanças. Isto é, aprender a manter uma prazerosa e saudável relação com o dinheiro.

— Isso aí, pra mim, é um problemão. A empresa fica no vermelho e, a todo instante, vou até a conta pessoal para salvá-la.

O problema de Joaquim é o mesmo que encontro na maior parte das pequenas e médias empresas que visito como mentor, consultor ou palestrante. Durante o trabalho que ofereço, é possível estancar as sangrias, estruturar o fluxo de caixa, eliminar a gastança desenfreada, traçar planejamentos e inserir previsibilidade, sendo que todos esses fatores são cruciais para ter o forte cabo do dinheiro e das finanças que todo bom negócio necessita.

Observe que, aos poucos, desde o início da obra, tenho defendido um exame detalhado das finanças. Assim merece agir todo ser humano disposto a realizar sonhos: anotar, como preferir (no papel ou digitalmente), o rendimento total de um lado, as despesas de outro; pelo menos uma vez por ano, em um mês de sua escolha, realize um orçamento financeiro familiar que contemple suas receitas, seus sonhos de curto, médio e longo prazo, além das despesas, de modo a saber para onde tem ido seu dinheiro e como melhor fazer uso dele.

Depois de saber a real conjuntura financeira, que se comece a traçar estratégias para quitar dívidas, planejar uma renda maior, investir onde desejar e ter direito a viver de verdade, pois gente endividada não dorme direito, se alimenta decidindo qual conta pagar entre uma garfada e outra, passa a maior parte do dia pensando em contas.

Para ter uma relação mais saudável com o dinheiro, Joca aprendeu a diferenciar o que é gasto do que é investimento, aquilo que de alguma forma traz retorno ou não. Por exemplo, comprar algo que logo deixará de ter utilidade, movido pelo impulso que o poderoso *marketing* impõe, é gasto, despesa, desperdício ou como se prefira chamar.

Adquirir um livro e inscrever-se num curso para aprender algo novo são ações que geram mais conhecimento e, por efeito, resultam em investimento de retorno positivo.

Ter em mente essa relação custo-benefício e discernir entre gasto e investimento são as melhores e mais naturais ações de blindagem contra o consumismo desenfreado, praga que assola a população, impede a ascensão social e favorece o endividamento.

É fundamental investir em educação financeira, matéria que oferece conhecimentos e habilidades para lidar com o dinheiro, quebrar velhas crenças, projetar um modo de construir a vida de prosperidade, livre dos comandos de pobreza que podem estar instalados no computador mental desde a infância.

Passo a passo, chegamos ao último, mas não menos importante, o cabo do propósito. Conhecer o propósito de vida dá sentido à existência, produz boas doses do entusiasmo que serve como motivação e, por último, pode-se dizer que um sólido propósito direciona a vida.

O propósito está para o êxito de vida como está o concreto para o êxito de uma ponte que não pode cair. De acordo com a engenharia de vida, o entusiasmo da ponte firme é garantido pelas tantas colunas, e o entusiasmo da vida feliz é garantido pelo propósito.

Na minha forma de enxergar as coisas, meu propósito de vida é "ser uma liderança inovadora que contribua para a construção de uma sociedade próspera, oferecendo conhecimento, confiança e liberdade, para que cada vez mais pessoas realizem sonhos, sintam-se felizes e realizadas". É isso que quero deixar como legado nesta vida.

Estou muito realizado com o meu propósito. É disso que se trata.

— Sim, Patriota, como foi mesmo que você descobriu seu propósito?

— É uma história longa que vai demandar muitas páginas, Joca. Vou deixar para contá-la em detalhes no livro que estou escrevendo sobre a minha jornada de vida, e que vou lançar em breve. Posso adiantar que foi durante uma experiência de diagnóstico e tratamento de um câncer. Lá, percebi e compreendi que o universo dava pistas de que a minha missão se ligava à engenharia de vida, que poderia ajudar os profissionais da área tecnológica do país, assumindo a missão e o compromisso de auxiliá-los a se encontrarem, a identificar suas potencialidades e alcançar os objetivos.

— Eu acho que a minha esposa tem um propósito de vida maravilhoso, que é dedicar-se a uma ONG. Pelo que entendi, é saudável se inspirar no propósito dela, correto?

A pergunta de Joca é a mesma de muita gente que admira tanto o propósito de vida das outras pessoas, que acaba se esquecendo de encontrar o seu. Precisei responder com o cuidado que Joaquim e o leitor merecem.

— Joaquim, para efeito de inspiração, todo bom propósito serve. Entretanto, deve existir o seu propósito, algo que só você deseja e só você pode realizar. Guardado esse zelo de não transformar o sonho alheio no nosso, toda inspiração é bem-vinda e digna de admiração.

Não existe fórmula definitiva. O propósito é uma questão íntima e interpretativa, com a qual a pessoa sabe lidar. Às vezes, surge por acaso, noutras, o conhecemos desde sempre e, em alguns casos, o propósito pode até surgir por inspiração de alguém que admiramos. De toda forma, não se identifica um propósito sem que se faça, em dado momento da vida, perguntas incômodas, até encontrar as respostas:

Qual é o sentido de viver para trabalhar?

Sou mesmo feliz com o que faço ou tenho me enganado há anos?

Qual é o propósito de dedicar pelo menos um terço da minha vida para atividades cujo objetivo eu desconheço?

Eu me lembro do que disse Joaquim a respeito disso, quando o conheci.

— O meu propósito é dinheiro!

Ainda bem que, com o tempo, Joaquim pôde confirmar seu equívoco, abriu os olhos e viu que deveria tratar o dinheiro como recurso e não como propósito. Mais do que isso, sacou que deveria aferir o propósito de ir em busca desse dinheiro, desse meio. E foi assim que Joca encontrou propósitos nobres, tais quais conforto familiar, lazer, viagens, educação de qualidade para os filhos e futura independência financeira. Agora sim, Joaquim carregava consigo variados propósitos geradores de felicidade, enquanto o outro "cara", embora necessário, passou a ser visto como deve ser, um coadjuvante na vida de Joca, o dinheiro.

A exemplo do que aconteceu com o personagem da vida real, somente ao descobrir o propósito, o profissional poderá realmente oferecer algo ao mercado, diferenciar-se daqueles que cumprem horário em busca de salário, ou daqueles que só administram sua empresa para manter o pró-labore.

Ter um propósito é algo muito acima da questão financeira e significa entregar, de fato, algo produtivo. Se a carreira for norteada por um propósito bem definido, é bem provável que o propósito do negócio que toca também se torne clarificado e agregador, tanto para o gestor, quanto para a sociedade que se beneficia do negócio.

Ao fim dessas específicas aulas da engenharia de vida que resultaram na metafórica conclusão da forte ponte estaiada e seus vigorosos cabos, Joaquim sentiu-se ainda mais blindado. Assim espero que aconteça com cada engenheiro da vida, que até aqui tem confiado nesta edificação textual a que me propus. Estamos prontos para avançar rumo ao término da obra.

ENGENHARIA DE VIDA

Municiado por tantos recursos, restava a Joaquim praticar em médio e longo prazo tudo o que aprendera, porque ele havia vencido seus projetos e sonhos de curto prazo, que traçamos e monitoramos juntos.

Nada melhor do que fazer isso a partir de um bom plano, assunto que teve nossa atenção e merece um derradeiro olhar.

No universo da engenharia, não se levanta uma parede sem planejamento, e na engenharia de vida, o ideal é não dar um passo sem projetar o que deve acontecer, para que exista a estratégica previsibilidade, bem melhor do que os tais "imprevistos" que a maioria usa como desculpas assim que se vê diante das dores que os obstáculos geram.

Mostrei a Joaquim que planejamento, inovação e criatividade levam ao sucesso, mas nada disso importa sem comprometimento, cuja falta surge quando não temos claros e definidos os propósitos, objetivos e recompensas que esperamos conseguir.

Joca estava pronto para voar. Entendeu que precisava saber o que desejava e os respectivos benefícios, para que tivesse facilmente a força de vontade diária, a disciplina e a capacidade de contornar os empecilhos.

Quando definimos nossa meta, planejamos o que deve ser feito, calculamos etapas, recompensas e pessoas que ajudarão a concluir, tudo começa a fluir e nos mover em direção ao único resultado que importa, o resultado.

E assim, pela perspectiva da engenharia de vida, Joca plantou na mente a informação mais evolutiva da engenharia de vida:

"Todo objeto gasta mais energia para se colocar em movimento e abandonar a inércia do que gastaria para continuar em movimento."

Físico ou não, engenheiro ou não, quem teria coragem de discordar? Não é verdade que o ser humano precisa de mais força para se levantar da cama do que para continuar ativo durante o dia, depois que acordou? Sair da inércia é a parte mais complicada...

Da mesma forma que Joaquim se esforça e se levanta da cama por algum motivo, quando cria um propósito forte e se compromete, se mantém ativo, cria força para sair da inércia, o que simboliza um retrato genuíno do que pode ser a engenharia de vida em sua vida.

Assim, quando nos movimentamos em uma direção que faz sentido para o caminho desejado, um fluir natural dos acontecimentos "quanticamente" conecta chances, pessoas, lugares e escolhas que convergem para o resultado. Então, o exercício que mais demanda atenção consiste em se comprometer com o objetivo e dar o primeiro passo, munido da coragem (e peço que preste atenção aos verbos) de ser destemido para fazer o necessário e ter a felicidade que merece ser conquistada.

Joaquim aprendeu que não se subestima o poder da ação. A engenharia de vida salvou sua empresa, pois o personagem que nos acompanhou e inspirou por toda a obra conseguiu excelentes resultados após quase falir e desistir de tudo. Que bom que deu certo! Só que não precisa ser assim. Podemos encontrar soluções no tempo regulamentar, antes dos acréscimos da partida da vida.

Aos poucos, enquanto tudo caminha bem, dá para treinar a mente, fazê-la suficientemente forte para jamais subestimar o poder da ação. Afinal, é a mente que faz o ser humano sentir-se pronto e entender que está preparado para começar um novo momento da vida, como se tivesse chegado a hora de reunir forças para vencer opiniões contrárias, limitações, barreiras e circunstâncias negativas, que jamais serão poucas e, nem por isso, podem deixar que afetem o estado de espírito.

"Quem não subestima o íntimo poder da ação envolve-se com os sonhos e faz deles a chama que mantém o coração aquecido."

No lugar de subestimar-se, Joaquim passou a sorrir mais, inclusive mais cedo, antes que o sol nascesse. O cara que antes reclamava quando o relógio despertava agora agradecia pela oportunidade de acordar mais um dia motivado a vencer, alegrava-se por ter algo pelo que batalhar, de bom humor, falando de coisas boas em vários temas, da saúde aos sonhos, do amor à vida. Ao promover alegria e bem-estar, Joca recebia de volta e subitamente entendia algo que há seis meses (tempo que durou nossa mentoria) parecia a ele conto de fadas: como pensam e agem as pessoas otimistas, motivadas e destinadas a vencer.

Não significa que Joaquim, um cara objetivo e sensato, tenha passado a ver a vida pelas lentes fantasiosas de quem dorme e acorda sonhando sem realizar nada. Diferentemente dessa temível prática, o cara continuava realista, porém dotado de novos recursos. Outra analogia pode explicar a mudança de atitude e *mindset* dele.

A obra foi construída às pressas e ao sabor do improviso, sem o acompanhamento de um engenheiro responsável pelo projeto de engenharia. Ou seja, a existência de Joaquim, outrora rifada ao acaso, construída por crenças que não se sustentavam, agora recebia a engenharia de vida em tempo hábil de conquistar sonhos pessoais e profissionais, pois nada pode ser pior do que deixar a vida sem saber o que fez dela, tal qual o passageiro clandestino que topa ir a qualquer lugar, desde que seja longe de onde partiu.

ENGENHARIA DE VIDA

Um dia, Joaquim lamentou pelo que não deu certo em sua vida. Após a engenharia de vida, passou a entender que se não rolou, não era para rolar naquele instante ou, no mínimo, não era para ele. Mais ainda, Joca começou a ajudar outras pessoas a perceberem o que havia de errado, a mostrar as rotas que aprendeu para resolver a situação.

— Quem te viu, quem te vê! – é o que diziam os amigos próximos de Joca, encantados pelo cara motivador e de bem com a vida, que esses amigos conheceram ranzinza, sistemático e inflexível.

Os amigos imaginavam que algo inexplicável acontecera ao Joca. No fundo, o que aconteceu é tanto passível quanto fácil de explicar; Joaquim se transformou no líder que gostaria de ter para guiá-lo pelos desafios da vida durante os momentos de revés financeiro, fraqueza, medo, desencontro pessoal, espiritual ou profissional. Desse modo, se tornou mais do que líder da própria vida. Agora, Joca era o melhor líder que poderia existir, um talentoso engenheiro da própria vida, o que sugere uma pergunta para ficar ecoando em seus pensamentos:

Como seria a sua vida se existisse nela um engenheiro talentoso, empenhado dia e noite para que o projeto de seu viver seja o mais belo e impactante possível?

Joaquim, eu e você sabemos a resposta. Aliás, vou dividir a melhor notícia que recebi, pouco antes da publicação da primeira edição da obra, o melhor presente que um mentor de empresários pode receber. O celular apitou ao som de uma nova notificação. Fui olhar e constava a seguinte mensagem:

Prezado Patriota,

Há um ano, venho praticando a engenharia de vida. Quero te agradecer, parceiro. O faturamento de minha empresa aumentou mais de 40%. O casamento, o convívio com os filhos, os hobbies, tudo mudou pra melhor. Tô vivendo o melhor ano dos meus 52 e vou contar uma coisa que vai te deixar feliz: o link abaixo é da minha rede social. Já tenho mais de 300 amigos e tô curtindo interagir com a galera da faculdade que não encontrava há décadas. Valeu por toda a paciência que teve comigo. Receba um abraço do amigo Joca!

Nesse dia, tive a certeza de que o propósito de ajudar pessoas através da engenharia de vida havia se transformado em legado. O livro é a frutificação desse trabalho e espero que ajude você!

Muito obrigado pela paciência de ler e conhecer as minhas soluções. Seja você empresário ou colaborador, caso queira falar sobre a obra *Engenharia de vida* ou conhecer mais a respeito do meu trabalho, por favor encaminhe um *e-mail*. Não posso garantir que retornarei no mesmo dia, mas garanto que eu vou responder pessoalmente, sem fazer uso de atendimento eletrônico ou das secretárias:

contato@ronaldopatriota.com.br

Para concluir, presenteio você com as 50 frases motivacionais de grandes vencedores da vida que me inspiram. Espero que, em uma próxima edição do livro, eu possa incluir uma frase sua, pois assim ocorre a mudança transformacional da engenharia de vida, tal qual aconteceu comigo: hoje você é leitor, amanhã passa a escrever para o leitor e se torna autor.

"A vida é sobre criar impacto, não uma renda."
Kevin Kruse

"Eu atribuo o meu sucesso a isso:
eu nunca dei ou tomei qualquer desculpa."
Florence Nightingale

"Você perde 100% dos tiros que não dá."
Wayne Gretzky

"A coisa mais difícil é a decisão de agir,
o resto é apenas tenacidade."
Amelia Earhart

RONALDO PATRIOTA

"Definir um objetivo é o ponto
de partida de toda a realização."
W. Clement Stone

"Se você pensa que pode,
ou que não pode, você está certo."
Henry Ford

"A vida é o que acontece com você enquanto você está ocupado
fazendo planos."
John Lennon

"Nós nos tornamos aquilo que pensamos."
Earl Nightingale

"Daqui a 20 anos, você estará mais decepcionado
pelas coisas que você não fez do que pelas que fez.
Então, jogue fora suas amarras, navegue para longe
do porto seguro, pegue os ventos em suas velas.
Explore, sonha, descubra."
Mark Twain

"A vida é 10% do que acontece comigo
e 90% de como eu reajo a isso."
Charles Swindoll

ENGENHARIA DE VIDA

"A mente é tudo. Você se torna
aquilo que você pensa."
Buddha

"Uma vida não examinada
não vale a pena ser vivida."
Sócrates

"80% do sucesso aparece."
Woody Allen

"Seu tempo é limitado, então não o gaste
vivendo a vida de outra pessoa."
Steve Jobs

"Ganhar não é tudo, mas querer ganhar é."
Vince Lombardi

"Eu não sou um produto de minhas circunstâncias.
Eu sou um produto de minhas decisões."
Stephen Covey

"Cada criança é um artista. O problema é
permanecer um artista depois que crescemos."
Pablo Picasso

RONALDO PATRIOTA

"Você nunca pode atravessar o oceano até que
você tenha coragem de perder de vista a costa."
Cristóvão Colombo

"Eu aprendi que as pessoas vão esquecer o que você disse,
as pessoas vão esquecer o que você fez, mas as pessoas
nunca esquecerão como você as fez sentir."
Maya Angelou

"Não são os anos de sua vida que contam.
É a vida em seus anos."
Abraham Lincoln

"Tudo que você pode fazer, ou sonha que pode, comece.
Ousadia tem genialidade, poder e magia."
Johann Wolfgang von Goethe

"Mude seus pensamentos e você muda seu mundo."
Norman Vicent Peale

"As pessoas costumam dizer que a motivação não dura.
Bem, nem o banho. É por isso que
recomendamos isso diariamente."
Zig Ziglar

ENGENHARIA DE VIDA

"A vida encolhe ou expande
em proporção com a sua coragem."
Anais Nin

"Se você ouve uma voz dentro de você
dizendo 'você não pode pintar',
então pinte e essa voz será silenciada."
Vincent Van Gogh

"Há apenas uma maneira
de evitar críticas: não faça nada,
não diga nada e não seja nada."
Aristóteles

"Peça, e lhes será dado; procure e encontrará;
bata, e a porta será aberta para você."
Jesus

"A única pessoa que você está destinado a se tornar
é a pessoa que você decide ser."
Ralph Waldo Emerson

"Vá na direção de seus sonhos.
Viva a vida que você imaginou."
Henry David Thoreau

RONALDO PATRIOTA

"Poucas coisas podem ajudar mais um indivíduo
do que colocar a responsabilidade em cima dele
e deixá-lo saber que você confia nele."
Booker T. Washington

"Acredite que você pode e você vai chegar lá."
Theodore Roosevelt

"Tudo o que você sempre quis está
do outro lado do seu medo."
George Addair

"Comece onde você está.
Use o que você tem. Faça o que puder."
Arthur Ashe

"Quando a porta da felicidade se fecha, outra se abre,
mas muitas vezes olhamos tanto tempo
para a porta fechada que não vemos
que outra foi aberta para nós."
Helen Keller

"Se você quiser se levantar,
levante outra pessoa."
Booker T. Washington

ENGENHARIA DE VIDA

"Como é maravilhoso que ninguém precise esperar um momento antes de começar a melhorar o mundo."
Anne Frank

"Quando eu deixar de ser o que sou, eu irei me tornar o que poderia ser."
Lao Tzu

"A vida não é medida pelo número de respirações que damos, mas pelos momentos que nos tiram a respiração."
Maya Angelou

"A felicidade não é algo pronto. Ela vem de suas próprias ações."
Dalai Lama

"Devemos crer que somos dotados de alguma coisa, e que essa coisa deve ser atingida a qualquer custo."
Marie Curie

"Muitos de nós não estamos vivendo nossos sonhos porque estamos vivendo nossos medos."
Les Brown

RONALDO PATRIOTA

"Os desafios são o que tornam a vida interessante
e superá-los é o que dá sentido à vida."
Joshua J. Marinho

"Construa seus próprios sonhos,
ou alguém vai contratá-lo para construir os seus."
Farrah Gray

"Fiquei impressionado com a urgência de fazer.
Saber não é suficiente, devemos aplicar.
Estar disposto não é o suficiente, devemos fazer."
Leonardo Da Vinci

"Limitações vivem apenas em nossas mentes.
Mas se usarmos nossa imaginação,
nossas possibilidades tornam-se ilimitadas."
Jamie Paolinetti

"Nunca é tarde demais para ser
o que você poderia ter sido."
George Eliot

"A educação custa dinheiro. Mas, em seguida,
o mesmo acontece com a ignorância."
Sir Claus Moser

ENGENHARIA DE VIDA

"Tenho aprendido ao longo dos anos que, quando a mente está
pronta, isso diminui o medo."
Rosa Parks

"Faça o que você puder, onde você estiver,
com o que você tem."
Teddy Roosevelt

"Sonhar, afinal, é uma forma de planejamento."
Gloria Steinem

Posfácio
ENGENHARIA DE VIDA: PROJETANDO O POTENCIAL DE QUEM DESEJA EXTRAIR O SUCESSO

A obra *Engenharia de vida: como usar as estratégias da engenharia e construir a melhor existência possível* vem preencher uma lacuna deixada pelo ensino da Engenharia, que há muito tempo não é exercitada aos discentes da área.

Hoje, o ensino da Engenharia não contempla na formação de engenheiros disciplinas nas áreas da administração, empreendedorismo, finanças, tampouco tem o cuidado de explorar o controle emocional e motivacional para alcançar o sucesso da profissão.

Emoção e motivação. Raras são as pessoas que sabem lidar com estes dois botões essenciais da vida. Podemos afirmar que é por aí que passa o *start* de nossa passagem na Terra. E a obra do amigo engenheiro Ronaldo Patriota consegue avocar esses potenciais retraídos em muitos profissionais.

É muito pouco pensar que a leitura do *Engenharia de vida* é um trabalho apenas direcionado aos profissionais e estudantes da área. As analogias disseminadas por Patriota, com toda certeza, estimulam, reinventam e inspiram o estado de espírito de qualquer pessoa que pensa no sucesso absoluto da vida.

É como se ele conseguisse planejar – com uma competência empírica indiscutível – sensações de autoestima para quem bebe deste conteúdo.

O propósito de uma vida caminha com o autor do livro. Ele diz em um de seus capítulos: "(...) Todos, independentemente da profissão, classe social ou dos objetivos almejados, têm como um dos projetos de vida ser bem-sucedidos(...). A casa dos sonhos, a família tão desejada, o carro recém-lançado, o emprego batalhado, a estruturação da própria empresa, a espetacular viagem de férias(...)".

Alguma mentira nessa afirmativa? Não. O roteiro da *Engenharia de vida* baseia-se em como alcançá-los. E em momentos da obra, Ronaldo revela algo que caminha comigo durante parte da vida que aqui vos redige: as razões que garantem a paz espiritual.

Como foi importante eu ter ainda mais consciência de como estas razões, da famosa pirâmide de Harold Maslow, psicólogo norte americano, nos garantem firmeza no caminhar da vida. Como foi importante compreender que a realização pessoal vem com uma série de manutenções básicas que, por sinal, aprendemos desde nossos primeiros anos neste plano terrestre. A missão da base piramidal é cumprir passo a passo, fase por fase e nunca deixar de aplicar a manutenção.

O livro ainda traz remédios que buscam prevenir o medo do ser humano de ouvir ou ver algo que nos coloque para baixo ou que aumente ainda mais as chances de sermos superados. Trocas de ideias é bom. Fazer autocríticas é ótimo e ouvir críticas e corrigi-las é melhor ainda.

Leio e assino a *Engenharia de vida*. E nesta atual conjuntura, Ronaldo Patriota conseguiu resgatar e registrar, nos anais deste livro, de forma leve, lúdica e competente, uma agradável leitura cheia de analogias que resgatam a profissão do sucesso e desenvolvimento. O sabor é de sucesso.

**Engenheiro civil Fernando Dacal,
Presidente do Conselho Regional de Engenharia e
Agronomia de Alagoas.**

Este livro foi impresso pela gráfica Noschang em Julho de 2020
nas tipologias Adobe Garamond Pro, Antonio e Monoton.